BuddhAll

BuddhAll.

All is Buddha.

BuddhAll

密乘寶海
01

現觀中脈實相成就

開啟中脈實修秘法

洪啟嵩 詳細解說中脈內義與實際修鍊的方法

中脈並非人類生理上的氣脈，而是斬斷無明，現證空性、無常後才能顯現之智慧脈。因此修學開啟中脈的方法，正是令學人迅速去除身心氣脈障礙、現觀空性、悟入實相的直捷法門，可謂是「借假修真」的甚深方便。

出版緣起

密法是實踐究竟實相，圓滿無上菩提，讓修行者疾證佛果的法門。

密法從諸佛自心本具的法界體性中流出，出現了莊嚴祕密的本誓妙法，以清淨的現觀，展現出無盡圓妙的法界眾相。

因此，密法的修持是從法界萬象中，體悟其絕對的象徵內義，並從這些外相的表徵、標幟中，現起如同法界實相的現觀。再依據如實的現觀清淨自心，了悟自心即是如來的祕密莊嚴。

從自心清淨莊嚴中，祕密受用諸佛三密加持，如實體悟自身的身、語、意與諸佛不二。依此不二的密意實相，自心圓具法界體性，而疾證佛果，現起諸佛的廣大妙用。

「若人求佛慧，通達菩提心；

父母所生身，速證大覺位。」

這是《金剛頂瑜伽中發阿耨多羅三藐三菩提心論》中所說的話，也是真言密教行者，修證所依止的根本方向。我們由這首偈頌，當能體會密教法中「即身成佛」的妙諦。由此也可了知，密法一切修證成就的核心，即是無上菩提心。

密法觀照法界的體性與緣起的實相，並將法界的實相，與自己的身心眾相，完全融攝為一，並落實於現前的生活當中。這種微妙的生活瑜伽，讓我們的生活與修證不相遠離，能以父母所生的現前身心，速證無上大覺的佛果。

一切佛法的核心，都是在彰顯法界的實相，而密法更以諸佛如來果位修證的實相，直接加持眾生的身、口、意，使眾生現證身、口、意三密成就，而直趨如來的果位，實在是不可思議的密意方便。而這也是諸佛菩薩等無數本尊，為眾生所開啟的大悲迅疾法門。

「密乘寶海系列」總攝密法中諸多重要法門，包含了密法中根本的修法、諸尊行法，以及成就佛身的中脈、拙火、氣脈明點及各種修行次第的修法。

其中的修法皆總攝為偈頌法本，再詳加解說教授。希望有緣者能依此深入密法大海，證得圓滿的悉地成就！

現觀中脈實相成就——序

密法從現觀法界眾相的真實示現，迴證如來的究竟體性，其次第是內外一如的。其以空的實相為根本，以大定、大智、大悲，來圓法界體性妙智，廣度眾生。

所以，密法中的氣脈修證，也必然是以智慧與大悲為中心所開展出來的。沒有無常、現空的體悟，所修持的氣脈，還是世間的修證而已，縱然有了神奇驗證，也只是世間的成就，無法解脫。

密法中脈的開發，也必須安住於此種見地。因為中脈並不是人類生理上的氣脈，而是斬斷無明，體悟無常、現證空性之後，所產生的智慧脈，其中所流注的則是智慧氣。

中脈並非世間的有為脈，而是出世間的無為脈，惟有悟入實相，體證空性，才能顯現，因此，中脈即空脈也。而修學開啟中脈的方法，也正是令我們迅速去除身心氣脈障礙，現觀空性、悟入實相的方法，可說是「借假修真」的甚深方便。

本書中所講授的數篇中脈修持法要，是我平時隨手寫下，關於中脈修持的偈頌口訣，許多同修讀了之後，有很深的受用，因此請我將其中的口訣、修法，再加以詳細解說，因而有此書出版的因緣。

祈願有緣的朋友，能依此體證中脈的真實意境，迅疾成就金剛持位，圓證佛果！

南無本師釋迦牟尼佛

洪啓嵩

目錄

前言

本書所講授的內容，主要是以《息》一書為主。這本書完整的結集了我所造的關於呼吸方面的修法偈頌，其中有很多深秘的口訣和修法，本書的講授內容就是教導大家如何運用這些方法。

在密法中，中脈跟佛身有完全緊密的相關性。就顯教而言，佛身的三十二相、八十種隨形好的顯現，則是建構於大悲心及般若智慧的理趣上。

到底哪一種說法才對呢？我個人認為，其實顯教和密教之間並沒有截然的分野，顯、密佛身的三十二相、八十種隨形好的建構，都跟中脈有關。從中脈可以開展出佛身的生理學，也就是佛陀的報身建構的過程。

我們來看看佛陀三十二相、八十種隨形好的圓滿報身，是如何從大悲心、般若智，轉化成為其身心結構，進而顯現為外在的圓滿莊嚴相好。在我所造的這篇〈甚深中脈義〉中，也就是闡明如何從心的理趣，開展出佛身境界的過程。

〈甚深中脈義〉的內容主要是講授佛身與中脈呼吸的關係，並進一步將「佛身」、「中脈」與「呼吸」這三者之間的關連解說得更清楚。

對於顯教的修行者而言，可以通過這篇偈頌，對於佛身的建構有正確的認知，進而迅速獲得成就。此外，對於密法的修行者而言，也可以通過這篇〈甚深中脈義〉的闡釋，而去除密法修證過程中的許多執著。

這篇〈甚深中脈義〉，還有另外一種用法，就是可以在日常生活中讀誦，如果有時間，建議大家可以每天讀誦，讀不懂沒關係，先不必管它的意思，即使只是讀過，對身心都會有極大的幫助，對身體健康也有助益。將來，也會以錄音的方式口傳下來，讓眾生得到更多的利益。如果大家也能共襄盛舉來大量倡錄的話，當然能利益更多眾生。

在我的修行過程中，有幾次特別的身心的經驗，與寫此篇〈甚深中脈義〉的緣起有關。

在大學時期，我曾有過一次特別的覺受：忽然覺得整個人空掉了，怎麼空掉呢？就是從皮膚先開始，整個皮膚飛離身體，飛到外太空去，消失掉了，接著下來是肌肉、骨骼、骨髓，以及五臟六腑消失了，到最後乃至整個心識全部都消失，空掉了，一層層的擴大到太空裡，消失了。過了一陣子之後，又從內到外一層層恢復回來。

更早之前，在打禪七的時候，也曾有一次特殊的經驗，即禪宗所謂「劈骷髏頭似的」體驗。

當時我下座禮佛時，忽然間，感覺整個人就變成為真骷髏頭，被利斧劈成兩半，結果第二天，我的禪修就進入另一層境界，在禪宗的典籍裏，也有記載古德「劈骷髏似的」境界。這兩次特別的覺受，讓我更加確立身心的進境，這是我對中脈認識的緣起。

而我所寫的〈甚深中脈義〉則是直接宣講中脈，希望大家能配合拙著

《息》與《拙火瑜伽》交互參看。

從自性中漩流而出的法要

《甚深中脈義》中的每一段話，都是順著理趣自然寫下的。有一次我在寫書法，一位朋友看到我所寫的句子都是隨手寫下，他就問我：「你這是從那兒抄下來的？」我說：「這是我寫的呀！」他又問：「是你過去寫的，現在背出來再抄下來嗎？」我告訴他：「不是的，這是我隨手寫的，事先沒有想，事後沒有想，就是現在寫完就寫完了。」

我大部分的東西就是這樣寫出來的，寫完就隨手放著，所以有時寫的東西也會散失。以前母親還在世時，當我知道泡溫泉對老人家很好時，就帶母親去北投泡溫泉。

順便告訴大家泡溫泉的方法：泡溫泉最好分次泡，就是先下水泡五分鐘，然後起身休息讓汗流完後，再下水泡三分鐘，之後再休息，其間建議不要用冷水沖身體，流流汗了，下水再泡，前後大約泡六次，不要只泡一次而泡的時間很久。那段期間，我利用泡溫泉的休息空檔，寫了一本詩集，名為「溫泉錄」。

像這樣隨手寫出來的東西，基本上我很少去動手修改。以前教授高階禪觀課程造偈頌時，每一次寫完之後，基本上很少再修改，因為寫這些東西時都是從心裡流出來的。

「大圓滿勾提」是蓮師直接從自心中宣講出來，這種說法的形式在印度叫做「朵哈」，就是道歌的意思。像「大手印」也是直接從心中唱出來的；另外，像密勒日巴尊者的十萬歌集，也是即時隨口唱出來的，所以，像我們現在所教授的〈甚深中脈義〉當然也是可以唱頌的。

這樣寫出來的東西，有時連自己也會有一種詫異感，就是它必然的內在邏輯，雖然是隨手寫出來，但第一個，它一定是扣緊自心，從法性中流出；

第二個，它內在的邏輯是一環、一環、一環的迴旋性，其內容不是一種從思辨邏輯上出來的東西，但一定有很強力的內在邏輯性。

我在大學時代就寫過很多的詩文，但第一次讓我真正明確感覺到從心而出的偈頌，是在我閉關的時候，見到阿彌陀佛的現起時所流出的。從那時開始，我才了解佛經上的偈頌是怎麼來的。

那次親見阿彌陀佛的緣起，要追溯到我高中的時期。高二時，因為靜坐控制心跳過度而差點死亡，經過那次的死亡經驗之後，我就不怕死了，但我告訴各位，不怕死之後，並不是什麼事都沒有了，不怕死之後，事情還很多，比如會不會怕人誤會自己？會不會擔心面子問題？分別心還在否？

所以，後來我到山上閉關時，雖然已不怕死了，但卻還怕一種東西，就是怕蛇。為什麼？因為牠們冰冰冷冷，不知什麼時候會突然竄出，我閉關時是在一個海拔一千多公尺的深山工寮裡，沒有水電，只能點油燈，飲山泉，自己炊煮，山中無人，大約一個星期才偶有原住民打獵經過。

有一天半夜，我正要起床如廁時，在油燈昏暗的燈光下，偶一抬頭，突然看見老舊工寮橫樑上，垂掛著一條長形蛇蛻。古人說：「見煙即知有火」，見到蛇蛻即知有蛇，山裡經常有百步蛇出沒，此時夜半四下無人，樑上垂蛇，床前地面一片黑暗，我遲疑著不敢伸腳下床，不知床下或鞋子裏是否藏著蛇。

於是，我就繼續坐禪，並開始參究我怕什麼，我已經不怕死了，為什麼還怕呢？就這樣持續參了三天三夜。

很多人以為不怕死就什麼都不怕了，不是的。有些不怕死的人，你如果罵他一句，他可能會氣得跳起來。很多殺手或恐怖份子，他們也以為自己不怕死，但其實他們是不在乎死，而不是不怕死，因為他們有錯誤的觀念，以為死後可以到更好的世界去。

最明顯的例子是回教徒。西元一二〇三年，佛教在印度正式滅亡。當時超戒寺被回教徒毀掉，被殺害的佛教僧侶高達數萬人，超戒寺的規模比那爛陀寺還大。回教徒所奉行的教義是：在人間殺了多少異教徒，你在天上就會有多少的功德，搶了多少異教徒的財產，你在天上就會有多少的資具受用。這種錯誤的觀念讓他們名正言順地在人間盡情燒殺掠奪。

現在大家到印度去，會發現很多古代遺留的佛像，都被嚴重的破壞，如果來不及全部摧毀，就將佛頭的部份毀壞，因為當時毀佛的回教徒認為那是他們的功德。他們認為摧毀佛像，就是摧毀偶像。偶像這個字的英文「Bud」就是從「Buddha」這個字來的。印度古佛像只有少數幾個地方沒有被毀，一個是像阿旃塔石窟（Ajanta caves），這種石窟位處偏遠地帶，因沒有被發現而保存下來。另一種是像山崎大塔（Sāñ chi Stupa）這種建造在無佛像時代的佛塔，因為上面的雕刻沒有佛像，只有佛傳的故事雕刻，所以回教徒以為是藝術品而沒有加以破壞。其餘有佛像的建築、雕刻幾乎全部被毀。

各位，修行人不畏生死，但不是不在乎生死，不在乎生死的人，是不在乎別人的生死，但修行人不畏生死卻是超越生死，並且在乎別人的生死。

在山上閉關時，由於對蛇的恐懼，讓自己在三天三夜當中不斷地參究：「怕的到底是什麼？」我持續不斷的觀察、破除，破除、觀察，到底在怕什麼？最後，忽然間我發現，根本沒什麼好怕的，所有的恐懼都破除了。從此以後，我不怕蛇了，所以後來當我去印度或泰國旅行的時候，碰到弄蛇人展示蛇，我可以自在的把蛇拿起來，環繞在脖子上。當然，那蛇是沒有毒的。如果是毒蛇的話，我還是一樣不會碰，為什麼？因為我對毒蛇不了解。

有些學佛的人可能會認為，只要對佛法有信心，一定會受護法的保護，所以就算你把毒蛇拿在手上，牠也不會咬你，這其實是迷信的想法；確實，有些修行者會降虎，也有些修行人會降蛇，但能降虎的不一定能降蛇，這要看你跟這些動物之間是否有良好的關係存在，不然的話，為什麼號稱神通第一的蓮花色比丘尼，最後會被毒蛇咬死。

學佛修行的人，不能滿腦子不負責任的想法，動輒就想：「我到山上閉關不會餓死的，因為護法會保護我，會幫我送飯，我到印度求法，護法會跟隨保護，就像護持玄奘大師一樣。」其實，去印度求法的修行者，不知有多少人死在途中，像玄奘大師一樣平安回來的人有幾個呢？既然自己決定走這條路，自己就得有死的準備，雖然我們會祈請佛菩薩守護，但不能事情發生時，就怪罵佛菩薩不幫忙，承擔跟幻想的態度兩者是不一樣的。所以，我現在心裡面對蛇這件事情不怕，但我還不想死的時候就不會去碰毒蛇，這是我的基本態度。

當時我在山上閉關，因為對蛇的恐懼，參究三天三夜，當我看到怕蛇的事實之後，忽然間整個阿彌陀佛就現起了，遍滿無邊的虛空。就在這一剎那間，我也了解佛經中的偈頌是怎麼來的，為什麼？因為那時候自然而然從心中，不假思索，脫口而出，句句如法，奔流出無量讚頌阿彌陀佛的詩偈。

這樣從心中直接流出的法偈，單獨的一句本身就是完整的，二句也是完整的，甚至倒著唸也是可以，就像迴文詩一樣，橫著唸、跳著唸、倒著唸，還是完整的。四句偈可以用來修行，十句偈一樣是修行。我建議大家可以把密勒日巴祖師的歌集再拿起來看一下，你會發現其中也具備了這種迴文偈的特質。

所以，這種從胸臆中泉湧而出的法偈，必然具備二種理趣，第一，是完全從心性中如法而漩出；第二，本身的次第是清楚的，大處是大圓，小處是小圓。像〈甚深中脈義〉偈頌中的頭一偈：「脈中也」，便是一個根本理趣所在，「不偏不倚，法界正中」是解釋「中」義，「恰恰現成」是解釋當下性，「一切圓滿」是講它的當體性。「其性至柔，隨順如來覺性」是中脈的性質，隨順了就如來覺性。「其力至大，如那羅延」是講中脈的力量，像執金剛一樣；「能猛不壞，能斷金剛」，猛、斷也是形容中脈的威力。以上是說明偈頌流出的源起。

第一篇

甚深中脈義

甚深中脈義——現觀中脈實相成就

脈中也

不偏不倚　法界正中　恰恰現成　一切圓滿

其性至柔　隨順如來覺性　其力至大　如那羅延

能猛不壞　能斷金剛　如焰至紅　遍燒法界
性惟清涼　相透無比　如摩尼性　隨映自在
虹光具足　具紅白藍　隨納法身　法住法位
彌諸六合　退藏於密
聖人無己　能容法界　而藏身於絕待常寂　離於生滅
本自清淨　本自具足　本自圓滿　本自不動
能生萬法　隨心顯也　悲智標幟
一念當下　暢遍法爾
法界全體　與諸佛同氣　順暢遍滿　至柔無礙
一一身分　三十六物　一一細胞　明點自成
地、水、火、風、空性具圓　心識成智　無有可得
心暢爾　息暢爾　氣自極空平
法爾明點　金剛空鍊　宛轉光成

身暢爾　身極微分　細胞諸佛
血流分泌　臟腑筋骨　膚肉毛孔　一一暢甚
至通也　圓通也　大空也　大樂也
悲智雙運　紅白具足　金剛鍊光顯成無上菩提
悲智妙身　身息心事　一一皆暢　迅如電光　宛轉流佛
從自身見　一一微分　明點無非如來
一一密微本尊　自是明體諸佛
如摩尼金剛　鍊光流轉　相聚成佛
微如胡麻　透如水晶　無實如虹
明如千百億日　微佛相流宛轉　會成大身如來
一一相會宛轉互成　相攝相映
大小互融　無盡摩尼　會成法、報、化、應
等流現成如來妙身

金剛身圓　一切自在
自體性成　地、水、火、風、空、識
六大瑜伽在　常大光明身爾
法界諸佛　本然現成
法爾六大　外器世間
一一有情　自是金剛微佛所聚
虛空也　風息也
火大也　諸水也　諸大地也　一切有情種識生命　人也　天也
動物、鬼神、六道一切眾、法界二十五有　一一微分　細如胡麻
皆是現成明體諸佛　如金剛鍊光宛然相合　相攝相聚　自在宛轉
流光成佛　法爾圓滿　大小互融　現如海印　無盡摩尼珠映
會成華藏世界大海　一切盡佛身　盡佛息　盡佛心　盡佛淨土
盡佛六大　盡佛界　盡金剛界　盡如來界　盡法爾界　盡法性界

盡大圓滿界　盡全佛界　盡一切吉祥勝利
是故頂禮諸佛也　是名法界全體諸佛現成　惟一中脈　明點顯現
一一流轉　無礙自在　大慈空樂　具足圓滿

是全佛金剛善妙具足　以法爾體性自在流出
是諸佛惟一密義　一切如來金剛最祕密藏
以諸佛大慈本願故　明顯流出　亦名中脈實相義爾
隨順如來覺性　眾生無二成佛也
一切無上菩提圓成
嗡　圓滿

佛曆二五四五年　庚辰年十二月諸佛歡喜之日

以圓頓密意心血　法界摩尼流明　金剛空鍊妙光　寫於法爾虛空中
是諸佛血脈　見者自取　得證無上菩提　法界有情
咸證佛果　全佛金剛
二〇〇一年一月四日

第一章　現觀中脈實相

這首偈頌是我在西元二〇〇一年寫的。偈頌的落款寫著「佛曆二五四五年，庚辰年十二月諸佛歡喜之日」，後面附註：

「以圓頓密意心血，法界摩尼流明，金剛空鍊妙光，寫於法爾虛空中；是諸佛血脈，見者自取，得證無上菩提，法界有情，咸證佛果。」

這是我在當天早晨一醒過來，忽然間想寫東西，就順手拿起在床邊的紙和筆，直接寫下來了。

很多人看我寫了許多偈頌法本，都會好奇的問：「老師，您寫這些偈頌法本是不是先打好草稿？」基本上我寫東西都不打草稿的，跟講話一樣，東西只是借我手的因緣而寫下，但我不認為是我寫的，當然也不會是別人寫的，只是借我手的因緣直接寫的。

為什麼說我不認為是我寫的呢？由於不透過我的分別心，所以不算「我」寫的，但既然不是「我」寫的，當然也不會是「他」寫的。那麼這篇怎麼寫下來的呢？就是這樣直接寫下來的，寫完就完成了。寫完之後感到很歡喜，所以篇末所附註的這段文字是很歡喜所寫的，這篇可說是我闡明中脈修法究竟利益的代表作。

此外，就中脈修法的心要來看，這篇也是十分值得一讀的。當然，有許多偉大的成就者對中脈的修法也有很深入的著述，但是當大家看完許多有關中脈的著作之後，再回過頭來看這篇〈甚深中脈義〉，還是會有另一層感受。

對於密法的整個修證過程而言，「中脈」跟「成佛」有著絕對性的關聯，所以對中脈正確的理解是很重要的。如果對中脈沒有正確的理解，那麼在密法的修證上將會是迂迴的。

現觀中脈即開悟

〈甚深中脈義——現觀中脈實相成就〉，何謂「現觀」？現觀是屬於比較唯識性的名詞，本身含有比較特別的意思，但我現在直接說明「現觀」的意義。所謂「現觀」，即是開悟之意，即現觀法界實相，得證般若，一個是講自心的智明，一個是講現觀法界的真實，而其實二者乃是一樣的，是同一件事。

灌頂的真義

密教行人經常到處受灌頂，到底什麼是「灌頂」呢？灌頂的起源，乃是古代印度的一種習俗，國王在認可王子將來要繼承王位，統領國土時，就會取四大海的海水為王子舉行灌頂的儀式，這是一種認可儀式。

而法王要為法王子灌頂，就是認可受灌者是法王子。而要成為法王子，並不是像世間的王子，頭上戴上皇冠就可以了，必須是「法王在心」，也就是你的心就是法王，所以灌頂是認可你是金剛薩埵，是如來給你金剛薩埵灌頂，你就是金剛薩埵。

灌頂乃是佛或法王要授與法王子的力量，所以灌頂並不只是外在的儀式，其究竟深義乃是「以心傳心」，所以，真正的灌頂是開悟的意思，但現在的灌頂，大多僅是「結緣灌頂」，已經成為開許行者修持某種法門的意思。

其實，真正的法王子的灌頂，是認可你已經成具了這個法，那當然是開悟了。這樣解說灌頂的真義，希望能對密教行人有所幫助，能了解什麼是真正的灌頂。

現觀即現空

「現觀中脈」，到底是誰能現觀中脈？誰有中脈？中脈乃是開悟者所有，開悟的人才有中脈！因此，「現觀中脈」即是「開悟」的意思，開悟才能見到中脈。

在禪宗則是行者破黃龍三關的「初關」，曹洞宗五位君臣頌的「正中偏」，小乘行者得「初果」，緣覺乘者證「緣覺位」，大手印行者得「專一瑜伽」、見明體。這些證果之人都具有中脈，也因此，中脈又叫「空脈」，也就是無執之脈，無所得之脈，在《金剛經》中，則是無住生心的「應無所住而生其心」，得見中脈。

我用這種方式說明中脈，可以讓大家很清楚的認識中脈，匯通各宗證悟的境界，因為一切都是佛法，我之所以先以綜攝的方式講授，是因為我擔心大家會被儀軌所縛綁，認為一定要照儀軌、法本這樣修才可以，沒有修這個儀軌就沒有中脈。

各位，「儀軌」是什麼？儀軌是一種幫助我們體悟實相的輔助工具。舉例說明：什麼是空？空是實相！實相者，事實就是這樣，名為實相，既然事實是這樣的話，那還須臆想分別嗎？無分別就可以得到實相；也就是事實是實相，即是空。

但是一般人能知道空，能看到實相嗎？不能，而成就者則能看到空、看到實相。然而成就者看到空，是必須要起一念心去分別觀空呢？還是他當下就現空？當然是當下現空，所以這叫現觀！所以成就者是現觀現空。

既然成就者是現觀現空，但一般未開悟者不能現觀時怎麼辦？那就只好分別作觀，也就是藉由觀想修觀而「觀空」。觀空是因為不知道什麼叫作空才起意作觀，而空是抓不住的。

什麼是「空」？空是不真，不真即空，不真者，一切不可得，無所得，一切不可得即是空，一切法不生不滅，不一不異，不來不去，不常不斷，是名為空。

空者，「因緣所生法，我說即是空，亦名為假名，亦名中道義」，一切是現空，一切法是緣起，緣起故不真，因緣所生故說不真，但一般人執著因執著緣，執著常執著斷，乃至執著一切法，所以落入有相。

「八不中道」即是在說明因緣法，「不生不滅」乃是佛法的根本，亦即一切無生，無生故無滅。以不生不滅故，不一不異，不來不去，不常不斷，也就是《心經》所說：「不垢不淨、不增不減」，所有一切無量的名字，都是在顯現實相中道，而若一個人證得無所得、空的實相，即稱為證得「無生法忍」。「忍」是安住義，亦即安住於無生而不動，「無生」是實相，所以「無生法忍」即安住於實相而不動。

成就者安住於一切現空，亦即「智如如、境如如」，「智」是般若，現觀外境是空不可得，因此成就者不必「觀空」，而是「現空」，所以名「現觀」，但若未成就者則是「觀空」。

如果無法觀空，則透過《心經》解析空的「色不異空，空不異色」來體解空。色空本一如，「色即是空」是小乘行者的體證，小乘行者依之而入涅槃，「空即是色」是大乘菩薩從空性中出生如幻三昧，大悲遍一切眾生。一般人未悟空者，則由「色不異空，空不異色」修起，這四句偈其實是一種禪觀，是實修的指導，大家不要把它當單純的義理來解釋。

因此，「觀空」乃是未悟空時，對空的一種假想修習的方便，如果無法觀空，那就先唸「觀空咒」，這是不得已的方便，而不是說，觀空時非得先唸「觀空咒」不可，這是未能現觀現空時的替代方便，是用次第修習的方式趣入實相。

但實相就是實相，所以能現觀實相，現觀空性時，心即般若；心是般若時，即無所執著。心是空的，脈、身、境等亦無所執著，脈是空，空是脈，空是緣起法，脈為緣生法，心與脈在一起，心是般若，是空的，脈是境，境也是空的；初始修習中脈乃是假修，就好像身體沾滿塵垢時，先洗個澡，假修中脈也是如此，先去除將來中脈開發時的障礙。

脈與境

為何說「脈」是「境」呢？修持中脈的人可能有這樣的經驗：就是發覺中脈會變大，擴大到整個法界，所以說「脈」是「境」，脈就是法界，這是口訣，你們聽懂了，就是你們的了，口訣也就這樣傳出去了。

中脈是大而彌諸六合，小而退藏於密，大家不要把中脈限制住了，否則有一天你們修出中脈了，會很疑惑的說：中脈怎麼這麼巨大呢，或者說怎麼小的看不見？其實巨大或微小的中脈，在原來的修習上都是有的，就是中脈的廣觀跟斂觀，但一般平常的修習上僅作平常的觀想。

所以，脈是緣起法，是心、境相依的，於一切境不執著，中脈就會現起，脈會隨因緣顯現。為什麼說十方諸佛皆住於你的中脈裡面？因為你會在中脈裡面見到十方諸佛，從這中脈即可通到《華嚴經》的海印三昧。

這樣講授中脈，已經把中脈的扼要義理都講完了，大家應該也很清楚明白了，但是如果大家還是不明白，那麼就只好再繼續逐句解說了。

中脈的根本義

「脈中也，不偏不倚，法界正中。」宇宙乃是依因緣而存在，其中有形有色，形有大小，色有青、黃、赤、白等等。

何謂形有大小？如何是大？如何是小？《金剛經》裏有很善巧的教導，《金剛經》中說：「所謂大身，即非大身，是名大身。」又「若見一切諸相非相，即見如來。」其實這兩偈都是關於成證如來身相的修證教導。《金剛經》讀得通達的人，中脈一定修得好。修密法的人如果能懂這兩首偈，特別能現觀中脈，如果不懂《金剛經》，建議要好好研讀。

什麼是「大」？「大而彌諸六合」的六合夠大吧！六合不夠大的人，覺得無限大才大，但，無限大有形狀嗎？有方圓嗎？無限大的中間在哪裡？是隨處都是！也是隨處都不是！然而無限小的中間又在那裡？隨處都是。所以，《金剛經》裏的「大」是什麼？請好好思維。

「脈中也」，「中」是一切建構恰恰然然的安立之處。我們再用另外一個方向來解說「中」。永嘉玄覺禪師有一首奢摩他頌：「恰恰用心時，恰恰無心用，無心恰恰用，常用恰恰無。」乍聽起來似乎跟「中」字八竿子打不到，但其實恰好正中「中」心。

所以「中」是當下義，而不是一種固定位置，是無心的「中」！

我講密宗時聽起來很像禪宗，而講禪宗時，聽起來又像是密宗，其實這兩者本來就是一如的。

時間、空間有沒有「中」呢？無量的「中」是什麼？一般人講到「中」，就想到時間、空間的「中」，想到有一個固定點，卻不知時間、空間的「中」即是當下，是恰恰現成。

一般人都是把自家的事往外推，殊不知「恰恰用心時，恰恰無心用。」

講的恰恰正是自己的事，不是他人之事。每一部佛經都是在講我們自家的事，但我們總是把自家的事推給別人，推給佛陀。

佛陀無心可用，所以他「開、示、悟、入」眾生，話講完了，又全部推翻，說自己未曾說過一字。這是什麼意思呢？這代表一切是我們自家的事，我們自心有煩惱，有許多的問題，要自己解決。如何解決？「中」！所以「脈中也」，時間取當下，空間取當體，大中至正，何謂「至正」？無所執著才能至正，一切無所得即是至正，亦名「至空」——一切不可得。

般若即是至中，般若無色無味，無形無相。

無生即是中，無滅即是中，不生不滅，不落於一切言詮。

緣起是中，因緣顯現是中，現觀實相就是中。

所以「脈中也」的「中」是心不落於分別，不落於固定立場，猶如水銀瀉地，粒粒成圓。有人讚美孔子為「聖之時者也」，佛陀更是如此，每一個當下，都是現成。《華嚴經》〈寶王如來性起品〉中說：「若起不起，不起即是性起」，一切分別心不生起，不生起之時，即是寶王如來性起，如來性起中，一個是「如」，一個是「來」，如來是：無所從來，無所從去，如中行來，如中行去。這就是「中」。

「不偏不倚」是沒有分別心，現觀法界而不執著，立場是無所得，是無分別，是般若，如此才能不偏不倚，顯現法界是一切恰恰現成，整個法界現成即是毘盧遮那佛。

中脈修證圓滿的境界

所以，一個真正中脈修證圓滿的人，怎麼可能看到有誰不是如來呢？因此，在新譯八十華嚴的〈如來出現品〉裡，有一個很重要的教授，就是如來成佛時，看到一切眾生都是佛，他看到一切眾生從修行到成佛，到入涅槃，所以就佛而言，他已經看到我們成佛到入涅槃，也了悟：有佛無佛，皆不可得，皆無所證。

整個密法的結構中心，尤其是金剛界，可說是在《華嚴經》的「海印三昧」裡。所以，毘盧遮那佛是誰？即是我們始成正覺的佛陀，我們每一個人都會成就毘盧遮那佛，我們現在發心修行，就是善財童子，我們修行悟道，即是普賢菩薩，我們修證成佛，則是毘盧遮那佛。所以，一切諸佛成道時，都要「稽首普賢恩」，成佛時第一個要感謝的就是普賢菩薩，普賢菩薩代表一切菩薩道。

一切諸佛成道時，他在海印三昧裡，看到一個根本的事實，他發覺到整個法界都是他自身，是一體的，整個器世間的山河大地，整個一切眾生世間都是他自身，他自身圓滿成佛，智正覺世間、眾生世間、器世間，三身圓滿。而在禪宗裡頭，三身圓滿成佛的講法是：「十方諸佛皆聚在此處」，這是禪宗的說法；密教的說法則是：我們身體中的所有脈輪、每一個細胞都是佛。

所以，像藏密大幻化網教授中，頂輪中顯現五十八忿怒尊，而心輪是四十二寂靜尊，忿怒尊其實是象徵著我們身體裡屬於活躍的、動能的部分，而寂靜尊則象徵我們體內屬於安止寂靜的部分，當這兩者完全和諧統一、融合，即是悲智雙運，而圓滿成就。而當我們有執著時，忿怒尊即化為諸魔，而當我們執著為眾生時，我們的寂靜尊即是愚癡者，當我們有分別心而處於輪迴時，我們就代表宇宙貪瞋癡的總和，所顯現出的業報身。

一般人總是看到他人的短處，有過錯的一定是別人而不是自己，但這裡頭究竟真正的意思是什麼？其實，整個法界的現象都是我們心的化現，所以請大家注意，一個真正修行的人，他是沒有敵人的，有時他可能覺得某些事情不對，有時候他也可以生氣，但生氣不代表恨，他只是生氣而沒有恨。

我們絕對不能有根本的恨，因為別人就是自己。所以，各位，我們要怎麼稱呼別人呢？是要稱呼「各位同胞」呢？還是「各位自己」？因為在我看起來，你們就是佛，我也只是大家心中的幻影。

我這樣講，可能有些人有時候會把它當真話，但大部分的時間是把它當假話，但對我來講，這些話是真實的感受，因為我已經沒有我了，所以說是真的感受。看大家是佛，這是我真正的覺受，不是虛幻的。

中脈清淨的開始

各位，我已經安心了，沒有一個地方須要去，也沒有什麼地方不可以去，入地獄或生淨土，都是一樣的地方，只是隨緣。每一個人都是平等、現空的，所以當我們進入了這個境界，一切眾生都是我們的幻化，一切諸佛都是我們的幻化，你入海印三昧，一切諸佛就是你的幻化，每一個人都是一樣，顯教在理趣上有這樣的顯現，而密教的說法則是身體的三脈七輪就是諸佛的壇城。

當你心裏一個惡念生起時，就是你的忿怒化身，但這忿怒若是悲心所成就，那就是赫魯噶忿怒尊——降三世明王，也就是降伏三世之惡，而如果是安住寂靜則是寂靜尊，也就是五方佛，你的身體裡面，你的細胞，你的血液，你的腦神經……，這些都是佛，所以說：「恰恰現成，一切圓滿。」

核心點則是在中脈，中脈一旦現起，所有這些三脈七輪就開始轉成清淨，所以有中脈，才有淨土，沒有中脈就沒有淨土，因為有中脈才有淨業，無明造作染業，染業分善業、惡業及無記業，登地菩薩以上中脈現起，始修淨業，才有淨土。

當你開悟了，悟入中脈，也就是中脈開始清淨的時候，中脈清淨一分，淨業成就一分，法身淨土也圓滿一分，也就在這時，開始明心菩提的中脈行，中脈就是專一瑜伽。外在清淨一分，中脈就清淨一分，中脈清淨一分，外在自然清淨一分，兩者同時對稱。

有些人會疑惑，有的人已經開悟了，為什麼倒霉的事情一大堆呢？其實，這些本來就是我們中脈裡頭的事情。請問：

事情越困難，奮鬥越艱辛，結的緣越多，將來度的眾生會不會越多？

做一個人的事情比較容易，還是做一萬個人的事情比較容易？一個人罵你比較不好受，還是一萬個人罵你比較不好受？一個人罵你是一個人跟你有緣，一萬個人罵你是多少個人跟你有緣？所以，這些跟你結緣的人，當你成佛時，到時候都是你淨土的眷屬。當初佛陀本生為忍辱仙人時，把他節節支解的歌利王是誰？就是後來五比丘之一——憍陳如尊者的本生。他是佛陀成佛之後先度之人，因為佛陀發願先度他。

另外，佛陀為薩埵太子的本生中，捨身餵虎時，當時有七隻幼虎，其中的五隻幼虎，即後來的五比丘，另外兩隻則是目犍連和舍利弗的本生，虛弱的老虎媽媽則成了佛陀的姨母大愛道夫人。由於佛陀的悲願，這些他累劫所結緣的眾生，無論是善緣或惡緣，在他成佛時，都一起悟道了。

一般人對修行和悟道常有一種迷思，認為開悟之後，或是行菩薩行的人，做起事情來應該很順利才對。某方面來講是的——在法上的事情很順利，但是過去以來的因緣會一個個的轉化，所以有的境界反而會加速展現，就像銀行裡頭的呆帳，一次提領清償，會有些辛苦，但正如《金剛經》裏所說：「善男子善女人，受持、讀誦此經，若為人輕賤，是人先世罪業應墮惡道，以今世人輕賤故，先世罪業則為消滅。」重業輕報是有道理的，因為過去的業快速轉化。

但一般人都喜歡順境，好人喜歡「善」不喜歡「惡」，惡人喜歡「淨」，不喜歡「淨」，因為大家總是喜歡看得到的，不喜歡往心裡面挖。但是，我們修行正是要往自己的心裡面挖，不要讓自己的心裡面有幽暗之處，不要逃避過去，不要吃迷幻藥麻醉自己，沒有用的。佛經中有這樣的譬喻，就如同狗喜歡啃骨頭，為什麼？因為骨頭會刺破狗的舌頭，有了血味，而這是牠喜歡吃的，所以狗味自血而不知啊！

有的人一遇到什麼不順利的事，就說是「冤親債主」造成的。其實，我們不要常說別人是自己的冤親債主，其實哪有什麼冤親債主，都是有緣的眷屬。不要用負面心態來看待這些因緣，因為這些人將來都是我們的金剛眷屬，若真要指責別人是冤親債主，我們又有哪個人不是佛陀的冤家呢？

修入中脈之後，內外就會開啟轉變的力量，生起淨業。中脈的力量極大，淨業生起之後，所有這些曾結下因緣的眾生，就會成為我們淨土中的眷屬。

第二章 中脈的特性與樣貌

中脈的特性

「其性至柔」，脈是一種氣的通道，中脈的特性是至薄至柔，「至薄」代表沒有任何阻礙，幾乎不存在，「至柔」是至柔軟，因此也不可能被破壞，為什麼能薄而至柔呢？如果我們沒有一絲一毫的執著，就能依最少的因緣而產生最大的力量，也就是說，心無所扭曲，則能修入中脈。

很多人修鍊氣功，卻不知修氣要訣，氣者隨心，修氣功的最高原則是：「欲有還空，欲實返虛」，也就是把自我對氣的阻礙降至最低，這兩個口訣也是修習中脈的原則，只有如此才能使我們的脈轉為至柔，這也就是用最小的力量去達到緣起上的最大力量，用最少的投入去獲取最大的產出。

修行的過程，就如同經濟行為，要用最小的人生投資，獲取最大的生命產出，這是修行人的生命經濟學，如何獲取最大成就，迅速成佛，廣度眾生呢？從心下手！不要錯用意。像密法氣功修鍊九節佛風等，如果修鍊密法的氣功不從「心」下手的話，那其實和一般世間的氣功並沒有兩樣。

如何從心下手呢？心空即是！心無所執著，勁力乃大，緣起要空，因緣要強，斯即大力！故曰：「其性至柔」，柔至無我，是名為柔，無我至柔，有我非柔。

以無我至柔的緣故，所以能「隨順如來覺性」。「隨順如來覺性」一句源自《圓覺經》，如何才是隨順如來覺性？心空無我而至柔，從中生起大悲心，如來覺性即在其中。

如果在修習的過程中，生起我慢、我執時，隨即能驚覺並放捨，略有境界執著立即放下，悲執也是要放捨，捨之又捨，知幻即離，離幻即覺，是為

「隨順如來覺性」。

「其力至大，如那羅延」，那羅延（梵Nārāyaṇa）是指金剛力士，也就是執金剛神。我們可以比較一下：當我們心中有所執著時的力量，跟把身心放空、放下時的力量，兩者相互比較一下，我們會發現兩者不同——心放空時身體的力量較大。

「脈中也，不偏不倚，法界正中」是講中脈的根本定義，「恰恰現成，一切圓滿」是講它的現起如是，「其性至柔，隨順如來覺性」是講中脈的性質，「其力至大，如那羅延」是講至柔至有力。

「能猛不壞」，一般世間的事物，猛則易折，但佛法中諸猛悍的忿怒尊則不同，如不動明王、大黑天、金剛手等，俱極猛烈，但忿怒尊猛悍忿怒相的背後則是「大悲空忿」，是由空性所出生，即悲忿眾生未成佛的悲智雙運，忿怒尊若未俱足悲智，則必忿怒而亡。

一般護法有兩類，一者世間護法，二者出世間護法；護法所護者，法也，驅除法敵也。

但是佛陀有法敵嗎？答案是沒有！佛陀是沒有敵者。在佛陀的十八不共法中，其中有一項是「三不護」：即不護身、不護口、不護心。佛陀是不受保護的，所以說護法跟佛陀無關。當初提婆達多欲暗殺佛陀，阿難及諸弟子提議籌組守衛隊來保護佛陀，卻被佛陀所拒，因佛陀不用保護，不受保護，所以護法其實是保護尚未成就的修行者，守護正法住世的因緣，而不是保護佛陀。佛陀如果還需要保護的話，那就很奇怪了。

有些忿怒尊護法即是本尊示現的，其作用是把我們嚇到成佛，也就是防制我們的心魔，幫助我們成佛。世間的魔障易防，難防的是心魔。

心魔主要有二個部分，一者智慧障礙，二者慈悲障礙。我們未能成佛是因為心有這二層障礙，忿怒尊的作用即是以對治的方式，讓我們具足智慧和慈悲。

如果依《金剛經》的說法，即是：

發心菩提：如何發起無上菩提心，如何修持無上菩提心。

伏心菩提：心若忘失無上菩提心，如何回到無上菩提心——即降伏其心。

「降伏其心」不是壓抑自心，而是回歸無上菩提心。

講到護法，希望大家對護法要建立正確觀念——護法者，護心也。世間護法能護外身，而佛菩薩所示現的護法則是守護我們的心。所以，誰能守護我們的中脈？只有法身的護法才有此力量，也就是慈悲跟智慧的力量，才是真正的法身護法。

因此，我們每一個人都有自己的護法——外在的和內在的，當我們內在的慈悲心及智慧心現起時，自然會有護法，但千萬不要誤以為護法是要來讓我們享受安逸的，當你心有偏邪，貪、瞋、癡妄念生起時，護法會讓我們驚覺。其實當我們的發心一念起時，就會示現護法、產生護法，因此，護法不從外來，而是從內心感應現起。當我們獲得護法的護佑時，例如財寶天王賜給我們一大筆財富時，此時最好多行布施供養，以免福報用盡。

「能斷金剛」是說明智慧的大力量，所以《金剛經》的「金剛」有二個意涵，一是金剛能斷，一是能斷金剛，所以《金剛經》有時也稱《能斷金剛般若波羅蜜經》。

中脈拙火修法

我們談中脈的現象，也就是從緣起現象上，下手修持中脈時的現象。

修持中脈有許多方法，最主要是透過智慧火，比如不動明王是從智火中出生，外相上是以智火包圍，以無明為柴薪，成就火生三昧。《華嚴經》中也有勝熱婆羅門修持拙火成就的故事。勝熱婆羅門是善財童子所參訪的五十三位善知識之一，當他前往參訪時，勝熱婆羅門示現外道，在發出猛烈火焰的刀山上修持。善財請問其菩薩道，勝熱婆羅門要他跳入烈焰之中，善財以為他是魔所示現，教唆他自殺。此時，諸天及魔王等立即現出，勸說善財依教奉行，並告訴善財，這勝熱婆羅門其實是大聖者，大成就者。後來善財就接受諸天的勸告，並照著勝熱所說，躍入火焰當中，卻驚訝地發現這火焰是清涼的，而不是熾熱的。所以，這火生三昧的拙火實是以無明為柴薪，所焚燒出的悲智之火。

另外還有一種修持法，例如觀想自己的頂上有一個由三角形所包圍的囕𑖨𑖽字，由此循著中脈，向下剎那間遍燒，將自己瞬間燒光，並由中脈向外亦瞬間遍燒，這種修法可以剎那間清淨自己的一切身心業障，並生起智慧，是《大日經》裡開示的修法。

中脈的修法有很多種，修學法門時，要敞開心胸，柔和謙下，因為自己沒有修過的法太多了！千萬不要因為受了一種傳承，就以為只有一種修法。其實法門實在是無量，像我們方才所教的，便是一個很好的方法。這個方法不只可用於中脈的修持上，甚至當你出外住旅館或身處某個處所，覺得該處微有怪異之感時，便可照剛才所教之法，觀想焚燒清淨環境。

「如焰至紅，遍燒法界」，我所教授的中脈拙火修法，是由下往上，一輪一脈的往上移，因為是由下往上的上修圓滿之法，所以「如焰至紅，遍燒法界」，即觀想拙火由中脈向四面八方遍燒而出，燒遍整個法界，全體清淨，即藉著緣起的相，來輔助中脈，將中脈燒空。

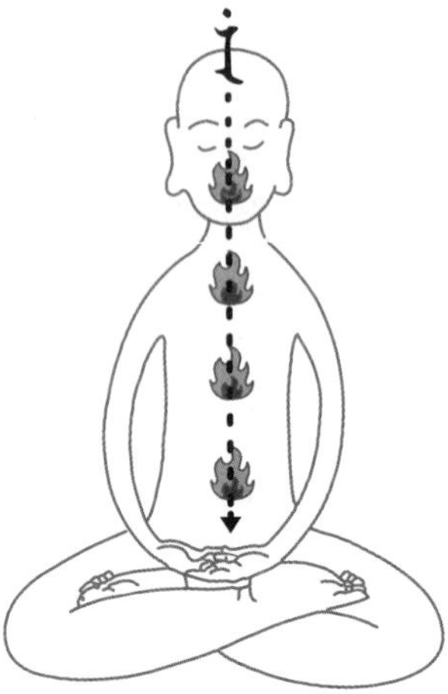

頂上的囕字循著中脈由上往下燒，
將自己瞬間燒光。

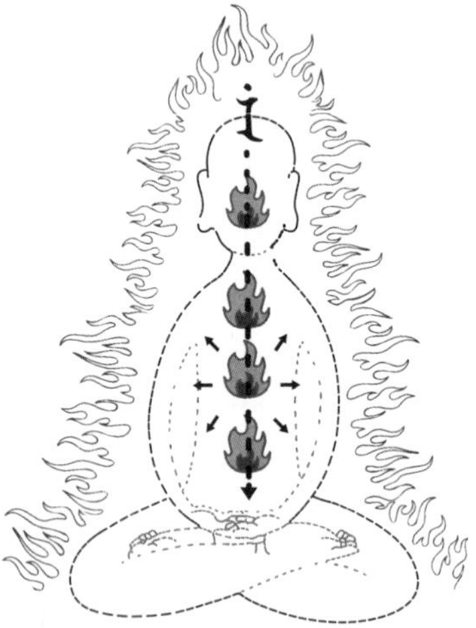

並由中脈向外瞬間遍燒。
此為《大日經》中清淨環境的觀想法。

這火焰的焰點可以利用呼吸，想像吸入一個又一個的太陽，太陽極熾極熱極光明，將此極熾亮之太陽吸為焰點，變成金剛鍊光，瞬間熾烈焚燒而上，遍燒而出。

中脈的位置在身體前後左右的幾何正中央，最上是頂輪。這是佛陀頂上肉髻的位置，但不是頂髻珠的地方，頂髻珠是裝飾品，明、清之後，有很多

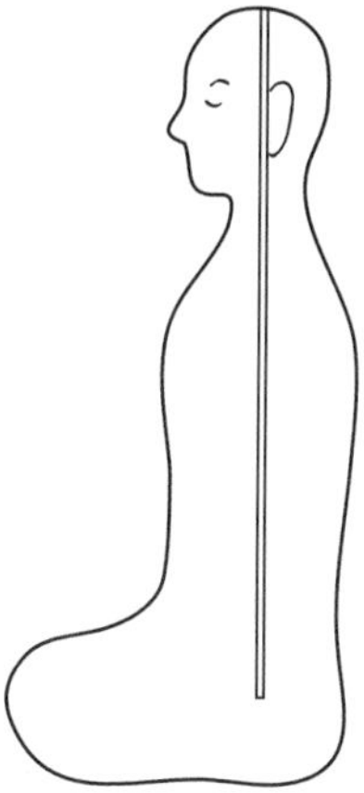

中脈的位置在身體前後左右的幾何正中央

頂輪是佛陀肉髻的位置

人誤把頂髻珠的位置當成頂輪所在的位置。頂髻珠是在髮際四指位置，但頂輪應該是在髮際八指位置才對。

開始練習時，我們先把頂輪放到眉心輪，眉心輪放到喉輪，喉輪放到心輪，心輪放到臍輪，臍輪放到海底輪。

然後想像吸入太陽，呼吸所吸入的每一個太陽，都沿著中脈進入，累積在海底輪處針尖上，聚成一極熱熾點，接著由這極細熾熱點，迸出猛烈火焰，上衝中脈，燒盡身心，全身細胞一燒而盡，熾焰並由毛孔透出，遍燒法界，法界全體，瞬間清淨，遍現明空，如千百億日光明。

光明的四個特徵：如千百億日光明、如水晶般透明、如彩虹般無實、並且光明遍照。此時的境界具足光明四相，互相照耀，交互遍明，猶如金剛鍊光所形成的常寂光世界。

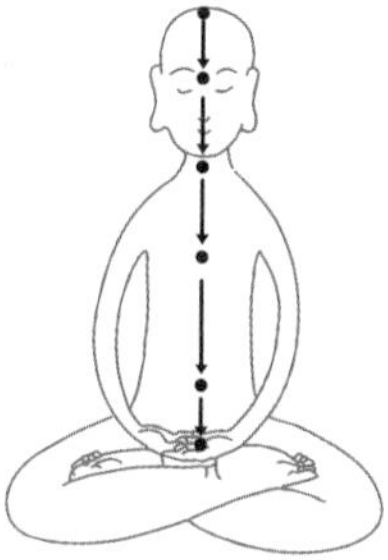

1.把頂輪放到眉心輪→
放到喉輪→放到心輪→
放到臍輪→放到海底輪

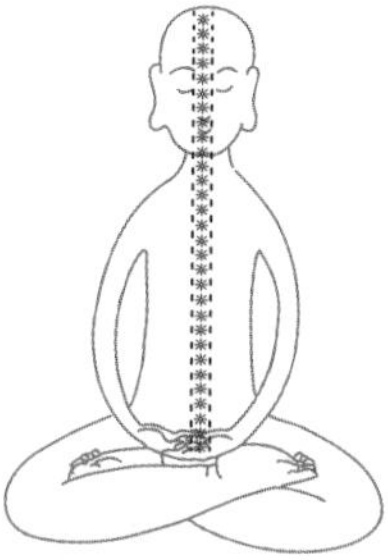

2.海底輪處有一熾熱的針尖火焰，我們延著中脈吸入太陽，太陽積聚在針尖上

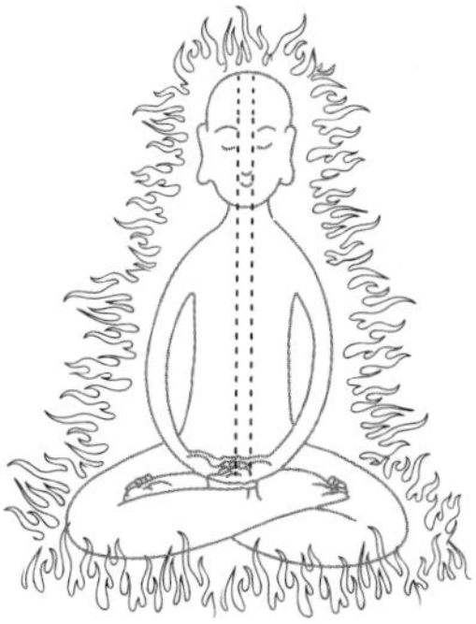

3.火焰猛烈由中脈燒盡全部身心

4.熾焰由毛孔燒出，遍燒法界

5.法界遍燒清淨，遍現明空

中脈拙火修法

中脈的入口

基本上，一個尚未開悟的人，其中脈是乾枯的，猶如一枝枯乾的蓮花梗一樣，輪的部分也像脫水的花瓣一樣，枯扁壓黏在一起，乾脈枯輪看起來都像不存在似的找不到了，但透過修行，脈輪可以漸次顯現。所以，中脈一般說法是有十個入口，這是因為修法時有十個入口，但並不是一定只有十個入口，可以有更多入口。

我們可以使用更多的入口，比如從頂輪吸入太陽便是一個中脈修持的入口，可以從身體的上方，也可以從身體的下方修入。

另外，告訴大家一個修持中脈的入口：

現在大家觀想遠方無限的遠處有一個極微細的明點，這明點如千百億日般的明亮，觀想那明點射出無限的光明，照著我們的心輪，光明穿透我們自己心輪的中心，心輪的光明再放射光明至無限遠處的明點，這兩點光明互相

1.觀想無限遠處有一個極微的明點

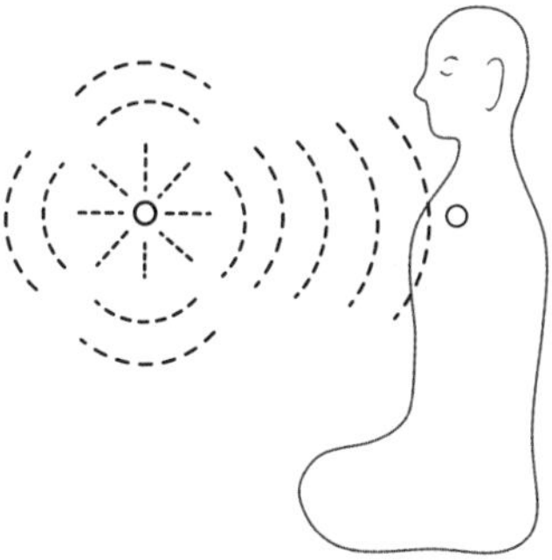

2.明點放射出無限光明，照耀自己的心輪

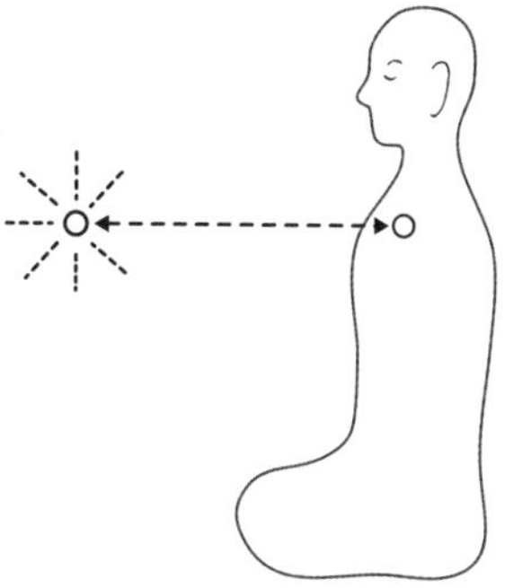

3.心輪放射光明至無限遠處的明點互相映攝

4.最後將光明放入心輪放空

練習中脈的入口

映攝，然後再從這兩點漸次的收斂，最後將光明收進自己的心輪中心，然後放空。

練習完感覺一下現在的覺受，是否比較不想開口講話，為什麼會如此呢？因為這個修法會把我們的語脈停止、心念停止，甚至讓我們感覺自身存在的實質感，好像消失了百分之二、三十似的，因為它匯入自己心輪中了。

諸家不同的氣脈系統

輪脈系統有時講三脈（左、中、右脈），有時講五脈（即左、中、右、前、後五脈），但一般講三脈。為什麼脈輪系統有諸多講法，而又各各不同？因為生命的現象原本就是這麼的複雜，比如我們現在要出發到新北市的新店區，其交通路徑就有很多種；人體內的經絡，依中醫來講，即有十二經絡、奇經八脈、任督二脈等。

西藏醫學則受到中國、印度及密法的影響，而發展出獨特的體系；再者，印度也有自己的經脈系統。而所謂奇脈是指正常經脈所沒有的，但我們在打坐過程中，卻常會發現到這些獨特脈道的存在。光是西藏密法裡對於脈輪的講法，各個不同宗派之間便有所不同，只是發展到後來，這些不同說法又慢慢統一了，其實剛開始的階段是互有不同的。

再者，不同的密續之間，各自的說法又有所不同，那麼哪一個說法才是真的？都是真的！但這些脈輪之間的差異又分成二類，一類是緣起修行上用的，一類是世間法治病用的，修行用和治病用之間也有關連，但不盡然完全相同，尤其在修行到一定深度時，觀想的部分會很多。

世間醫學上的脈是治病療疾用，比較粗而明顯，修行上的脈則是比較細的，粗脈跟身體間的相應會比較明顯，但也有些世間的脈到最後也會慢慢涉入比較屬於精神層次的問題上，比如中國古代名醫孫思邈便有十三鬼針，用針灸驅鬼，所以驅鬼並不是只能靠持咒、畫符，針灸亦可驅之。

鬼要附身控制人身，一定要先阻斷人體脈道，孫思邈十三鬼針，當第十三針下去之時，鬼將形神俱毀，立即離身而去。所以驅鬼方法其實很多，像我們先前所教的中脈呼吸法，也有驅鬼的作用，因為我們以中脈呼吸之時，會自然產生中脈的光明，鬼是無法附身的。

全真教也有所謂的「全真九針」，可以打通任、督二脈，屬於修道針。以前我年輕的時候，有一次奇特的經驗，有一個全真教的朋友，他幫我扎針，為什麼要幫我扎針呢？因為他覺得我的氣是最強的，希望他教我之後，我能反過來幫他扎針。沒想到他幫我扎了四針之後，我整個人就變成跟蝦子一樣，全身發紅，他是想幫我通任督二脈，結果扎了四針之後，他自己的氣先垮了。

後來我發現這樣扎針對我並不適合，因為扎針對我而言太粗糙了，他把我的氣從中脈裡頭調了出來，所以雖然他針術不錯，而我的氣也很充足，但卻讓我感覺很不舒服了一陣子。

另外要提醒大家的是，不要隨便讓別人灌氣。普通的灌氣是屬於氣的交流，深度的灌氣卻會影響你的思想，就像雪山白淨的水是水，而墳場的屍水也是水，兩者的性質卻大不相同。以前大陸有一個很著名的氣功師，專門在秦皇陵上練氣，大家要知道，在那種千古怨氣積聚的地方，所練出來的氣當然很強，但不會是正凜之氣。我年輕時曾遇到許多奇人異士，他們常好意地想在我身上灌氣，雖然基本上任何人的氣都不進我身，但有時因為不好意思，又不能將那些氣頂摒在外，只好隨他們去。結果回去之後身心感覺非常不舒服，好像得了感冒一樣，身體一陣冷一陣熱的，自己將那些氣排除之後才恢復正常。在此也提醒大家，不要以為灌氣一定是好的，最好是不要隨便讓人灌氣。

所以，脈與穴都有粗細之分，但修行時對於脈的觀想則跟心會比較有關係。

中脈的相貌

中脈有四種相貌：「薄如蓮瓣芭蕉直，明似油燈紅湼丹」，蓮瓣仍算是厚的膜覆，應該說是薄如蟬翼，或薄如光絲才是善喻。

中脈的核心要義

大家以後可以慢慢練習，把光變成像麥芽糖一樣，拉成光絲。我在教授時用很多比喻和形容詞來幫助大家，如果大家能把這些形容詞觀想具體，當成實際的話，那會更為理想，對修行也會更有幫助。

現在大家把眼根放鬆，試著看到光被拉成絲，無限長延伸的光絲，就像金絲可以被拉成極長，極細，卻又不會斷。

為什麼用這樣的形容詞教授？因為這種形容詞不是隨便可以創造出來

的，這是在現觀的境界裡面，直接把相給指出，如此將來才能銜接起來。

這無限拉出的光絲，其光相是如何呢？現在把金子加熱熔掉，而於將熔未熔之際，其相即是。我常用「熔金」二字來比喻，因為這對大家修持金剛鍊光時，這個將熔未熔之時的熔金之色就是了，這個色就對了。

現在，將這熔金拉成絲，色雖極透，卻完全具足聚合力量，把這絲拉出無限長，再將它聚成一點，幾乎入空銷融的最後唯一明點，接著再一拉，又是無限長，再一展，無限寬，最後，全面的延展，擴大成整個法界，色空之際，其如是乎。

色（物質）之極致，空之極致，沒有空，展不出如是之色，色若不空，也無法這般的呈現，所以《心經》說：「色即是空，空即是色。」因此，是從空中拉出來的色相。

唯一明點是空點，是欲入空的最後那一點，也是要出空的那一點。

這唯一明點，我再用另一種方式來作引導和形容：大家都看過日蝕，日蝕是全黑的狀態，當開始要脫離日蝕的狀態，最先透出光的那第一個光點，在這第一光明點上要安住於空而能起作用，而一切作用要化入於空，即要於色空之際，出入自在。

《楞嚴經》上有一個名詞叫「鄰虛塵」，但這「鄰虛塵」已入於塵而非唯一明點，「鄰虛塵」已有塵相，故已有阻礙性，唯有心力乃能穿透於此。因此，為什麼我們能入常寂光法身佛，又能出常寂光顯現報身佛，義理即在唯一明點裡頭，唯一明點每一點都是明點空光，明點即空光，空光即金剛鍊，所以，金剛鍊明點每一點都是法界力——法界具力，即每一點都有開展出法界的力量，而法界力量是無限的，無限加無限還是無限，所以「不增不減」！

唯一明點的意義，如果能夠先透過解析的力量，經由仔細的推論加以認識，便能了解什麼叫作「色不異空，空不異色」，色跟實相空性一如，有了這種深刻的體會，我們便能夠將原本對身體的粗相執著，慢慢分解得越來越細，愈來愈微，到最後，豁然之間，會感覺整個身體變得很不實在，身體的存在感變淡了，若淡的夠究竟的話，就變成虹光身了。

大部分的虹光身是用定力所顯的神通，不是佛身，藏密行者有很多所顯現的虹光身是定力所成的天色身，而不是智慧空性所顯現的佛身，這是由於定力跟慧力所顯現虹光身的不同。這裡所講授的唯一明點、金剛鍊光等，對於大家以後證得虹光身會有很大的幫助，大家要謹記。

或許有人會問：「老師，你都沒有證得虹光身，怎麼教我們證得虹光身？」，我說：「教人家證得虹光身，又不一定要證得虹光身，對我來講那不是很重要，龍欽巴上師被人稱為第二佛，他是專門教人修證虹光身，雖然龍欽巴上師本人沒有化成虹光身，但有許多人因為他的教導而成證虹光身！」

所以對我而言，化成虹光身已經不是那麼重要了。我一生中經歷了許多瀕死的經驗，甚至哪天忽然被人家一刀捅死了，生死對我而言，都已經沒有關係了，但對大家來講，生死是有關係的，所以大家要努力修行。

金剛鍊光的理趣，我現在教授給大家的，不只是理，而且是相，而且怎麼從明點拉出光絲，金剛鍊光絲一定具足四相：明、透、無實、遍照。

一、如千百億日光明：拉出的每一金剛鍊明點都是如千百億日光明，不增不減。

二、如水晶般透明：這是比喻其色清淨無染如水晶般明透。

三、如彩虹般無實：這是比喻其如彩虹般幻化沒有實體。

四、遍照光明：這是比喻其遍照的境界，互照互攝的海印三昧境。

從這個觀點來看，極樂世界的實報莊嚴土是如何形成的？用密法理趣來講，就是金剛鍊光所成就的，金剛鍊光可以聚成金剛杵、佛像、佛身，因為金剛鍊光每一點都是空的，可以空，也可以色。

金剛鍊光要如何才能展現出來？從中脈中展現！所以，要進入中脈才有金剛鍊光的顯現。

從中脈中，點點晶亮的金剛鍊光，拉出光網，蓮花光網，光網菩薩，光的網，摩尼珠網，也就是說，從這一點可以無限變化，變成摩尼寶珠，而摩尼寶珠又可以斂觀及廣觀。

藏密比較沒有作這樣的斂觀、廣觀修習，其實這是必須要修學的。平時大家觀想佛像或佛菩薩的三昧耶形，要能觀到入空，微小到消失，也要能極大到法界般廣大。

透過這種練習，把形的大小障礙去除，不只是形，色的障礙也會移除。這時你會發覺：所有我們對於生命的形容，如形、色、音聲等，是沒有意義的，而且音即是光，光即是音，由此，你就能從輪迴脫出，而了悟到所有對於色、聲、香、味、觸、法的分別是無意義的，對眼、耳、鼻、舌、身、意的分別也是無意義的，因為一切光是色也是音。

也就是說，最後你觸及到一切物質的原相，即是空相；空相而能具足一切能量，而心無所執。了悟此理，當你碰觸到任何一個現象時，你跟它是無二無別的，當下即空。當這樣的空性不斷的滲透到你的生活裡面，你的生活就從海印三昧裡，不斷的如幻現起。

在這樣的如幻示現裡，你看到的東西是不一樣的，猶如水中倒影，水中倒影是比你直接用眼睛去看更清楚的，鏡中影像是比直接用眼睛去看到的更亮、更明晰的，因為它是如幻的。所以，當你把整個世界看成如幻的，猶如看著水中倒影之時，你已經看到了世界的實相了。

悟入空性中脈自顯

二〇〇五年我到美國弘法兩個月，共去了十五個城市，進行五十多場的演講及教學，可以說是將美國重要的地區都遍歷了。

在二〇〇六年時，我在美國大覺寺主持了一場禪七，這對我而言，意義深遠。很多人以為我去美國是想去那邊發展。事實上，我這個人的生命早就結束了，哪裡還要什麼發展？有人問我：「老師，那你來做什麼？」我告訴他：「我只來弘法，我什麼都不做！」

二〇〇七年又在大覺寺打了一個禪七，對我來講，這個事情真是很歡喜的圓滿了，當時正好有一部電影「納尼亞傳奇」，是講一個和鏡子有關的魔法故事，主七時，我就講了這個故事：

有一個小孩子在家裡玩，忽然間跑進一間秘密樓閣，這是他之前從來沒有發現的。他推開閣樓的門，看到裡頭有一面大鏡子，鏡裡有一個他，而這個鏡裡的他又剛好也是從那邊跑過來，打開這個門，看到這面鏡子，同時看到裡面有個他。那麼，到底哪一個是鏡子，哪一個是他？鏡子兩邊的兩個人頓時不知道怎麼辦才好，到最後只有一條路，就是他們各自互相把自己的鏡子打破，打破之後，鏡子到哪裡去了？小孩到哪裡去了？

各位，這不正是大家的處境嗎？等你們從裡面活出來的時候，你們就可以走在路上，被人家打了一槍，打死了也沒有關係；人的生命，要有這種把握才行，變成植物人也沒有關係，因為已經解脫了，當在任何狀況都沒有關係的時候，這時就可以好好的活著了。

我看事情，沒有悲觀，也沒有樂觀，因為悲觀與樂觀都是預期的心態的，我只有實觀，所以我對任何事情不會很詫異，我連想去知道的心都沒有，所以我怎麼會詫異呢？事情發生了就發生了，該怎麼處理就怎麼處理。

但有時候我可能會想一個事情，就是這個事情最壞的狀況是怎麼樣。當最壞狀況出現時，對我來講，都已經沒有問題，都很自在的話，那還有什麼事情可以困擾呢？近年來，我已經不用去想最壞的狀況了。

各位，好好的看著自己的心。上面講的這些，不都是重點嗎？很多修密法的朋友們，經常著重於功夫、技術，卻不知道修行無法得力，重點是因為觀念不清楚，境界修不進去，是因為心裡有障礙，技術問題好解決，心裡的執著難解決，心裡的執著不清除，怎麼會有中脈呢？修得再厲害，修出天色身或氣化身，你以為那是中脈嗎？甚至修出千變萬化，也不是中脈，那還只是識神作用而已！所以，一定要悟入空性，才有中脈！

「性惟清涼，相透無比」，中脈的火焰是溫潤而清涼的，當然也會有暖相，但暖相是清涼的，雖然也可以發出強烈的熾熱，但它的體性卻是清涼的。「相透無比」即前面所講的「如水晶般透明」。

「如摩尼性，隨映自在」，摩尼是隨色如意寶珠。講解「海印三昧」時，最常用摩尼珠作比喻，所謂「我此道場如帝珠，一切如來影現中」，摩尼珠即是帝珠，帝釋天王有一個由摩尼珠所串織而成的珠網，其珠光相互映射，所以光明遍照，相映相照，相攝相照，互為主體，一切圓融。

所以其意即如同摩尼珠，相映相照，相即相入，互為主，互為伴，互攝，互入，而又彼彼不失自在。

內觀禪法常常使用觀身的禪法，即觀察身體的所有動作，但就大乘禪法而言，則不僅止於此，到最後是不起念而隨時觀照，如鏡照影，全面的觀照自身，而不起分別之念，是清楚而不起念去分別，所以大家不要只是觀自己的動作，而是應對外界的一切，同時自己在作什麼也是很清楚的，是全面性的觀照，心就像一顆摩尼寶珠一樣透澈照見，所以說「如摩尼性，隨映自在」。

現在有一種號稱三百六十度的攝影機，可以從內攝外，從外攝內，以大攝小、以小攝大，相攝相照而不混淆，這個可以用來比喻我們的摩尼心性。什麼是「芥子納須彌」？我舉一個實際的覺受來說明：當我在深山閉關時，有一天，忽然發現自己的毛孔，含攝了整個法界，我看到裡面有一個我，他的毛孔含攝了整個法界，相映相攝，就像無量的鏡子互相照攝，但這樣的相攝並不會混淆我們在這個世間的語默動靜。

所以，有時候一身同處十方法界，十方法界會於一身，彼此互不混淆，假若會混淆的話，那就不對了，你這一輩子也就搞不清楚了。這所代表的意思是：所有的門都已經敞開了，我們要走哪一個門都可以，我們現在在這兒生活，但是任何地方都可以看到，自己也都清楚明白，所以說「如摩尼珠，隨映自在」。

「虹光具足，具紅白藍」，虹光是透明光，這是指當我們體悟明體之後，便能開展各種不同的對應，虹光基本上是用五色，藍、白、黃、紅、綠（或說是黑）的方便說法，來代表因緣中的力量，即代表因緣中所具有的智慧跟悲心，而以形色來顯現。

藍色有無限的色度差別，就如三原色：紅、黃、藍可配出無量諸色，而五色之間互相即有無邊的意思，因此，以之代表因緣中所具有的悲智力量。

形色之外，當然也可以以形相來顯現，即五方佛、三十七尊，乃至無限諸尊，即所有的壇城眾，當我們成佛之時，整個法界眾生即是我們的壇城眾。

「具紅白藍」，三脈是左、中、右三脈，具紅、白、藍是右脈、左脈及中脈的三色；右脈又名血脈，所謂「右脈如血火之性，左脈月精水性空」，右脈是紅的，左脈是白的，右脈是血脈、是火，左脈是精脈，是水，父精母血，所以是指生命的能量來源。

如果有三脈的話，當然也有五脈，觀三脈可以成就，觀五脈、八脈也未嘗不可，只是算法不同。脈會因為修法的不同而改變，尤其是屬於心的這部分，比如中脈拙火要修四輪還是五輪，或者要修六、七、八、九、十輪。其實，這個問題就像高鐵要停幾站一樣，基本上，只要照著各別傳承的教導去修即可。

安住於中脈法身

「隨納法身，法住法位」，中脈是法身，因為中脈是空，是寂滅，入中脈即是入寂滅，入於常寂的境界，入常寂光的境界，「常」者，離於生滅；「寂」者，離於分別；「光」者，因為離於一切分別，所以自顯自照。

「法住法位」，《法華經》中說：「是法住法位，世間相常住」，法自住，法自位，不動即如，如如不動，所以世間相即是離世間相。

那麼在這裡頭，它是如何作用的呢？當我們安住於中脈法身的時候，我們跟整個世間會產生一種自在的諧調，而進入法身的清淨界。此時，救度眾生就如夢、幻、泡、影，如露亦如電，是以大悲心來轉動，而所看到的眾生都是法住法位，都是佛陀！

「彌諸六合，退藏於密」，這是此時我們的中脈相，中脈可以大而能彌諸六合，小而能退藏於密；請問：「中脈到底有多大？」

初開始修習時，當然要有定形定位定相以方便入手，但是到真正證入中脈的境界時，中脈是無量變化而不會被定位的。

所以「聖人無己，能容法界，而藏身於絕待常寂，離於生滅」。為什麼「能容法界」？因為「無己」，所以法界一相，藏身法界，因此「普賢菩薩，法界藏身。」

藏身於哪裡？「絕待」——斷絕一切對待！

為何名為「常寂」？絕一切對待，名為常寂。所以中脈也是絕待常寂，是聖人無己，是能容法界，是離一切生滅！

「本自清淨，本自具足，本自圓滿，本自不動，能生萬法，隨心顯也，悲智標智。」隨心顯是隨願顯——隨心願而自在顯化。而心願是隨著慈悲與智慧，「悲」是能廣度一切眾生，「智」是能了知一切緣起的相待，所以這是慈悲跟智慧的標幟，標幟即是三昧耶，所以中脈也是慈悲跟智慧所顯現的一個樣貌。

第三章　中脈現成圓滿佛身

與諸佛同一鼻孔呼吸

「一念當下，暢遍法爾，法界全體，與諸佛同氣，順暢遍滿，至柔無礙。」這是當我們證入中脈時的心念境界，法界全體現成。所以，「現空」是什麼意思？現空是法界同體！

如何離於分別而與法界同體呢？現空！但現空有二條路，一是入於寂滅；二是寂滅而無寂滅可得，此時即跳出寂滅的境界，才真正「與諸佛同氣」。

「與諸佛同氣」是禪宗的話，但很多人卻把這句話當成口頭禪。這種境界是事實，而不是口頭禪。

如果把「與諸佛同一鼻孔出氣」這句話改成「借阿彌陀佛的鼻孔呼吸」，或者「偷偷的去拿阿彌陀佛的鼻孔呼吸」也一樣很有禪味，但比較新鮮。

思惟一下：阿彌陀佛的鼻孔是什麼做的？當然是金剛鍊光形成的，阿彌陀佛呼出的氣是什麼氣呢？答案是智慧氣；他所吸入的脈是什麼？答案是中脈！阿彌陀佛的呼吸是無所得，是光明入於光明，以水注水，以空入空。為什麼說「與諸佛同氣」是一個事實，因為是從空性中出氣，如此則氣息順暢通滿，至柔無有障礙。

「一一身分，三十六物，一一細胞，明點自成。」悟入中脈之後，我們身體的五臟六腑、皮膚、指甲、頭髮，每一個器官的每一個部份，乃至每一個細胞都是空成明點，明點成空而明點自成。

即當我們把身體的細胞（比如指甲的細胞）觀空的時候，它會剎時捲縮，回到原本的明點狀態。

「地、水、火、風、空性具圓」，地、水、火、風、空的體性都是圓滿的。我們現在的身分是五大地、水、火、風、空所構成，如果再加上意識、正見則為七大。

當我們還是眾生的時候，無始以來，我們必須靠這些而存活，但是當我們證入中脈以後，這些元素就變成是我們救度眾生的工具、能量，及救度眾生的方便，細胞也是度眾方便，所以每一個細胞都變成佛菩薩、本尊，五臟六腑也都是如此。例如我們的眼睛變成地藏菩薩，耳朵變成觀音菩薩等。

依著這個道理，所以在密教的經典裡，常常可看到將感官作用及心理作用形像化，成為佛菩薩本尊。

「心識成智，無有可得」，什麼叫「轉識成智」呢？就是一切「無有可得」，如同《金剛經》中說「應無所住而生其心」，也可以說是「轉識成智」的過程，一切不可得，一切不可住。

究極空性的呼吸

「心暢爾」，心這時候是完全通暢，「息暢爾」，呼吸這時候是完全通暢，「氣自極空乎」，到達這種境界時，氣是否已經成為最究極的空性呢？氣處在這種究極空性的狀況中，會發現自己的呼吸越來越細微，吸的動作也越來越細微，本來是兩個鼻孔吸入一次的氣，但後來就會微細地發覺到，鼻孔好像分開了，有很多微細的毛孔似有若無的吸著氣，而氣很清涼地進入中脈，此時的呼吸甚至會比嬰兒還細。

慢慢的，有時可能也會有毛孔呼吸的覺受，或是腳底像「真人之息於踵」的覺受也會出現，但這只是回復我們本能而已，不要太在意這種境界，因為人類本來是水中的動物，毛孔呼吸只是本能，重點是體會到呼吸的微細相！這是「氣自極空乎」。

金剛鍊光所成的佛身

「法爾明點，金剛空鍊，宛轉光成」，什麼是「法爾」？完全無所得，完全入於空性，這樣的境界叫法爾。所以法爾就是現空，就是不可得，就是如是，就是法性，一切無量的名詞，只是從不同的面向，來形容這樣的實然境界。

而當我們證得這境界時，明點會從空性中顯現出來。

我們可以想像一下，一條純金作成的金絲，可以如何隨心來變化它的形狀？而現在由金剛鍊光所構成的光絲，我們也可以加以變化，例如把二條金剛鍊光捻揉在一起，也可以分開作成二顆耳墜，佛菩薩的髮冠寶飾不就是這樣捻成的嗎？

所以我們也可以用這金剛鍊光來畫佛、寫生、畫畫等，或是替自己做一頂寶冠。其實佛菩薩的法器都是這種實相的法器，而凡夫是將其仿造成五方佛寶冠等世間的形相。像第一世大寶法王有一頂由十萬空行母的頭髮所編成的黑寶冠，這黑寶冠一般人看不到，但明成祖看到了，所以就仿製了一頂現在大家都看得到的黑寶冠，供養給第二世噶瑪巴大寶法王。

以上講了許多有關金剛鍊光的義理跟作用，希望大家要仔細記得我在講解時所作的一些細微的動作，這些義理和動作將來在大家修證的過程裡，自然會知道是怎麼一回事了。比如，如何將金剛鍊光串成一條摩尼寶鏈，或者用金剛光鍊作成「那達」（眉間白毫）。

如此一來，大家慢慢能體會如何將身體裏的每一個細胞轉成金剛鍊光，知道如何把中脈轉成熔金般明亮的金剛鍊光中脈，而且中脈裡面的光是如同夕陽般的紅透晶亮，這紅透晶亮的中脈又如同光絲般的極細，既透明又閃亮，亦非凝固，極柔而至薄。這是「金剛空鍊，宛轉光成」。

中脈開發口訣

很多人學法只是想學技術，但技術不如法的重要，若只講技術的話，捻兩串金剛鍊光就很夠技術了，把光拉成絲的技術，大概也是前所未有的世間奇技，但這不重要，因為你如果「執法執身」，是無法開悟的；「入法忘身」才能開悟，必是「入於法，忘於身，悟於真，無所得」乃能開悟，這是口訣。

這是我隨手拈出的口訣。由此，大家也可以體會密勒日巴祖師他所隨口唱出的偈頌歌集，句句皆口訣。

有一位看過我寫字的朋友，他本身是一位很有名的作家，他說當他看到我寫的一些東西，他感覺好像在看歷史，因為他看古德在寫的偈頌、法語，原來是這樣子寫下來的。我一直很專注的在作事情，以我的身體，依我的因緣，當然希望活得很久，但無論活得長或短，都希望能多留下一些東西給人間，所以，希望大家不要因為還能看到我，就對我的教授輕忽了，因為我講過的話，有時候我自己也都忘記了，可能只有聽過的人是唯一的傳承。但這些我自己都會忘掉的東西，就交付給大家了，因為我現在只負責創造東西，已經不大記東西了。我該寫的東西大概已經都寫完擱置，有時看了想動筆修改，也覺得沒什麼好改了。

過去大部分作過的事情我都忘記了，所以我不會為自己去寫傳記，口述歷史大部分是「口述」而不「歷史」，都是自讚毀他的。我不會自己寫傳記，也不會授權別人寫傳記。而如有任何人罵我，或寫文章攻擊我，我惟一做的事情是不回應。因為我很清楚自己在歷史上的位置，如果我將之落於文字，這將對不起那人了。

修行人要戒於口，戒於手，戒於心，要戒慎恐懼去面對自己的行為，這是修行人的本份。一個善觀中脈的人，善成中脈的人，是不會為了一點人間小事而落於執相邊事，這是很明顯易知的事。但是也千萬不要替一些修行人遮醜，說那一定是有不可思議的智慧或境界，才會作出這種不合常理的事情。

現在大家試著觀想，把身上每一個細胞捻成「金剛空鍊，宛轉光成」，也就是我們的細胞、皮、毛、骨、髓、五臟六腑，都同時轉成金剛光鍊。

「身暢爾，身極微分」為什麼身暢爾？因為中脈通，一切氣脈通。「細胞諸佛」就是每一個細胞轉成佛，光明所轉成的佛，金剛空鍊所轉成的佛，「血流分泌，臟腑筋骨，膚肉毛孔」，血液、內分泌、臟腑、筋骨、膚肉、毛孔等，都「一一暢甚」，且完全通達，即「至通也，圓通也」。

「大空也，大樂也」，沒有大空，就不會有大樂；有大樂而沒有大空的樂，不是真正的樂。有樂無空落欲界，有空無樂不能具足諸佛大力，所以「大空也，大樂也」。

「悲智雙運，紅白具足」，悲智以紅白菩提來顯現，所以每一個細胞諸佛都具足水大、火大，具足整個法界的力量，具足一切緣起中的力量。

為什麼能具足緣起的力量？緣起力量是沒有人能掌控的，只有願力才能掌控，而願力要成就須具足悲智，所以當洞山禪師見水影悟道：「渠今正是我，我今不是渠。」渠者，法界也，轉折之處，即是自在！所謂「以彼造化力，為我神通力。」

是以「金剛鍊光顯成無上菩提」這個要扣緊「悲智妙身」，是由慈悲跟智慧所成的微妙之身。

「身息心事，一一皆暢」，身體、呼吸、心等種種眾事，都是完全暢快無比。「迅如電光」則是像電光一樣那麼快速；「宛轉流佛」，明點、細胞、身分等，每一個都是佛，毛孔所流出的光，呼吸所流出的都是佛，都是金剛鍊光所成的佛，這是現觀！

「從自身見，一一微分，明點無非如來」，這是進一步再作細密的觀察，一一微分都是明點，為何是明點？空性才能顯成明點，即空性與慈悲聚成明點，所以悲智雙成的明點無非就是如來。

「一一密微本尊，自是明體諸佛」，密微是細密至微，「如摩尼金剛，鍊光流轉，相聚成佛」，摩尼金剛是如摩尼寶珠所成的金剛。

「微如胡麻，透如水晶，無實如虹，明如千百億日，微佛相流宛轉，會成大身如來。」「微」是細微，比胡麻更細的微，是唯一明點，你能觀想多小就觀多小，越微細越好；這雖然是觀想力的問題，但也是定力、慧力及悲力的問題。

「微佛相流宛轉」，微細的佛互相流動，互入互出，互出互入，相流宛轉；「會成大身如來」，即小佛聚成我們這尊佛，匯集合成我們這個身體的全部是如來身，而且我們成佛的時後，整個法界都是佛，每一個都是佛，山河大地皆佛，一切眾生皆佛，全部是佛，聚成大身如來，為什麼？是在智正覺世間所觀照之下，山河大地的器世間跟眾生世間，全部聚合成佛，即毘盧遮那佛！

如果中脈修得好，將來就能夠成為實相的毘盧遮那佛，整個法界身佛，就很自在了。

「一一相會宛轉互成，相攝相映」是遍照光明的境界，「大小互融」是微如胡麻的小佛攝於大佛，大佛中的小佛又攝大佛，相印相攝，無量相攝。

「無盡摩尼，會成法、報、化、應，等流現成如來妙身」，法身、報身、化身、應身、等流身，一切佛身就是如此成就。

身體的放鬆、放下、放空

境統一了，我們再來談「身空」。空是什麼？空是一切現成，空的前提是一切放下，如何放下？很多人的放下，是口頭禪的成分居多。空，在我們的心是放下一切，放下是什麼？不執著、無住！外境放下是不可得；但是如果放下只是口頭禪，到最後就會變成執著「放下」。

有的人如果你告訴他：「放下好不好？」他可能很生氣的回答：「我早

就已經放下了，你為什麼說我沒放下呢？」這就是他執著一個「放下」，也就是放不下這個放下；所以假若你說他沒有放下，他就很生氣人家說他沒有放下，因為他須要一個放下。

此外，「放下」也是一個實際的動作，在身體的實踐上就是「放鬆」。放鬆不是鬆垮垮，鬆鬆垮垮是壓力，不是放鬆。放鬆的背後是有緣起之理，緣生之道的；所以放鬆是有次第的，當我們身心完全不執著時，次第卻是清清楚楚的。

當我們一切放空時，緣起如如實實。當我們完全沒有可以依靠時，道理明明白白，我們是可以一切無所依的。

許多有道德的人，是依上帝相伴，有天可倚的，但對於修行人而言，初期有佛菩薩相伴，但到最後以一切不可得故，佛菩薩不再是你心中決定的依止了，這時才是真正的「慎獨」。慎獨者，聖之獨也，依法而行，依緣而作，如觀自在，是真自由。

此中不依靠一個道理，也不須要依靠一個他力，就是自心完全放下之後，這裡面自有如此清楚的因緣，與如此清楚的理趣；就在這般身心放下的一切清明當中，現前自有很清楚的道理在，很清楚的次第在，很清楚的結構在！

所以身體的放空、放下與放鬆，要放得好，放鬆得好，自然一切作得好，作得正，作得鬆。因此從境的統一到身的放鬆，再到脈、氣、心的統一，這裡自然有一定的理趣在，雖然各位現在還沒有體會到實相之理，但體會實相之理是有一定的理路的。

佛陀自稱其法為「古仙人之道」，佛陀的生活，行、住、坐、臥都是有道理的，是從內自自然然，自自在在這樣顯現。當你開悟了，從心悟入實相，心無所住時，氣即不可執，脈、身亦不可執，境是不可得，如此從內到外，內在的法、報、化身都成就了，淨土亦相應成就，何以故？理當如是，緣起當如是，現象亦自然如是。

所以對整個法界而言，沒有佛與眾生的差別，但就我們而言，我們現在是眾生，所以我們必須成佛，但是當成佛之後，哪有一個佛可得呢？如果有一個佛可得，那就跟《金剛經》的理趣不合，因為《金剛經》講得很清楚，成佛之後，無佛可得，若你執著一個佛的話，那恐怕你就不是佛了。

所以，「覺者」就是一個「無者」，「無者」不是沒有這現象，而是自心都無，「佛說一切法，為度一切心，我無一切心，何用一切法」，這即是無法可得，而無法可得者，法法然然，次次第第，清清楚楚，自有一番道理在。

放鬆輪脈的方法

接著介紹輪脈放鬆的方法：

觀想頂輪放到眉心輪，眉心輪放到喉輪，喉輪放到心輪，心輪放到臍輪，臍輪放到海底輪。

接著觀想海底輪在身內放鬆下去。輪脈的位置不變，但整個放鬆下去。然後自然「吽！」一聲從海底輪發聲，是在每一輪都鬆下去的狀況下發出聲音，如果能好好體會這六輪放鬆的狀況，可以省卻很多修行的時劫。

再來，不只這六輪都放鬆放下，全身的肌肉、骨頭，乃至每一個細胞都放鬆放下，尤其中脈的脈輪如果能放鬆放下，全身也自然隨之放鬆。放鬆之後，感覺一下你自己的手指、腳有沒有什麼不一樣？

這個教導在古代稱為「口訣」，它的作用是能破你最細微的「俱生我執」，俱生我執是很微細到會抓住我們身體的每個細胞，每個ＤＮＡ的執著，所以破俱生我執是能微細到讓身體每個細胞及每個ＤＮＡ都放鬆，是從裡面鬆出來的。

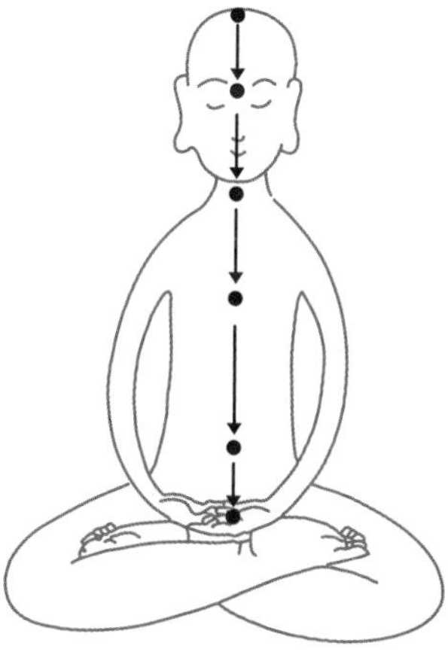

1.從頂輪→眉心輪→喉輪→心輪→臍輪→海底輪

2.海底輪放鬆發出「吽」字聲

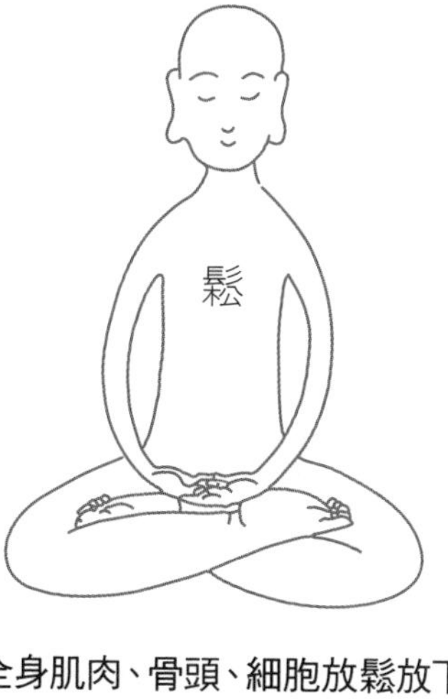

3.全身肌肉、骨頭、細胞放鬆放下

放鬆輪脈的方法

化成虹光身的要點

其次再講化虹光身的要點。

修虹光身時，最難化成光的是指甲跟牙齒，但是如果能在平常練習用指甲呼吸的話，那麼指甲化虹光的祕密就在此了。

將來我不一定會化成虹光身而走，但是大家如果學了這指甲呼吸的祕要，那將來大家虹光身成就的機會就比較大了。即使我沒有示現虹光身，但如果大家得了這個教授，之中有人成證虹光身，那我也值得了。

在練習指甲呼吸時，用腳趾甲呼吸又比用手指甲呼吸更佳。但無論是腳趾甲或手指甲，每一個指甲都可以練習呼吸。

我們可以先用左腳的小趾趾甲呼吸看看。練習時，先觀想小趾趾甲具有光明四相，即「如千百億日光明，如水晶般透明，如彩虹般無實，遍照光明」。

1. 觀想指甲具有光明四相

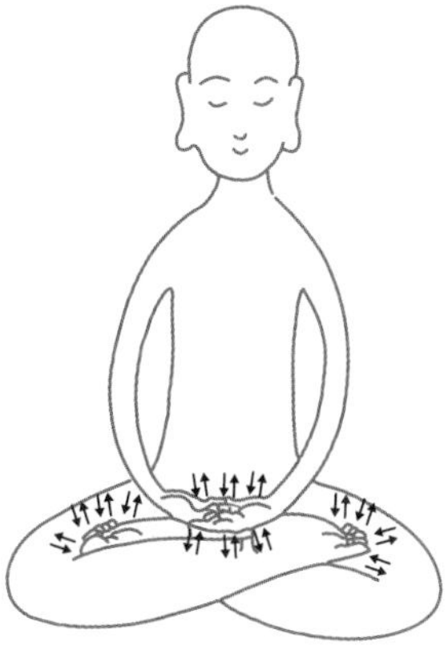

2. 觀想指甲呼吸

練習指甲呼吸

練習的時候，用小趾趾甲練習最好，但是每一個指甲都可以用。如果還不熟練的人，先不要天天輪換不同的指甲，可以先用固定的指甲練習一段時間，隔一段時間再換另一個指甲。

練習一段時間之後，你會發現指甲開始變得有光澤。指甲的組織很複雜，而且具有很多層次，有如蜂窩一般。如果指甲的脈能打通，那麼全身便沒有一地方的脈不能打通了。如果指甲能呼吸的話，骨頭當然也就能呼吸了。

練習指甲呼吸，對壽命的增長絕對有幫助，而且練習到一定程度時，也會使你對人身的看法產生改變。練習時要把指甲看空，並配合光明四相而修。

這個指甲呼吸的練習，可說是修持生起次第的極致，甚至超越而達圓滿次第，為什麼呢？因為這是氣功道的極致矣！若是修光明四相而直趨金剛鍊光，也可以說是修大圓滿次第了。

以上所講的方法是每一個人都可以藉由練習而做到的，甚至平常坐車子時也可以練習，而且很有效。你每練習一次，都可以對空的了解更深一步。

就以指甲來說，你便可透過指甲呼吸的練習，而了解到指甲是既柔軟卻又強而有力的，就如越空越有力的道理一樣。大家不一定練過氣功，但這指甲呼吸卻是最深刻的氣功。

練習頭髮呼吸也可以，但是怕一般人容易氣血往上衝，所以練習指甲呼吸比較恰當。

•指甲上觀想金剛鍊光形成的種子字

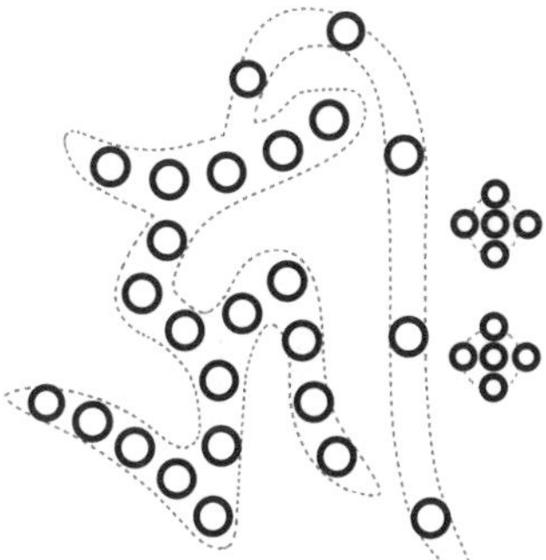

•在種子字的每一筆劃上，觀想五個金剛鍊光明點

•觀想指甲上有五大的種子字

在指甲上觀想金剛鍊光形成赫利字

前面講過透過腳的小趾趾甲修習金剛鍊光的方法，現在我再教大家一個更易觀修金剛鍊光的方法，就是在原來的腳趾甲表面上，觀想千手觀音的種子字赫利字𑖮𑖿𑖨𑖱𑖾出現在上面，並以光明四相之法觀修之。

將來如果大家依此法修得虹光身成就，臨終的時候全身化光，只留下指甲上面出現一個金色或透明的𑖮𑖿𑖨𑖱𑖾赫利字，特別閃亮。

實際觀修時，可先觀想𑖮𑖿𑖨𑖱𑖾赫利上出現一點一點的金剛鍊光明點，每一點都具足光明四相，相攝相聚。用腳的小趾趾甲修習金剛鍊光是修虹光身最好的入手處。就算尚未修成就時，對身體的氣血循環也會有很大的改善。

指甲呼吸的方法如果修得好，到最後指甲會發光，上面的𑖮𑖿𑖨𑖱𑖾赫利字會發出金剛鍊光，我們會感覺到指甲變得若有若無，而且會變厚變大而光亮。

練習時，我們可以一個指甲修習熟練了，再換另一個指甲，這樣一個一個的修下去，每一個指甲都有一個本尊種子字在上面放光。修千手觀音的人就用觀音的種子字赫利字來觀想，修習其他本尊也可用該本尊的種子字來觀修。

用腳趾甲修觀金剛鍊光及練習呼吸，是打通全身氣脈最快的方法。腳的趾甲是我們身體最末稍的部分，假如能讓其活化的話，至少對身體的健康會有很大的幫助。

如果手和腳的每一個指甲都能一一修成的話，對身心有許多利益，因為這也等於全身每一條經絡都修成了，所以身體一定會好；再來，因為每一個指甲都修金剛鍊光，指甲的金剛鍊光修得好，中脈也很自然容易通了。

每一筆劃上觀出五個金剛鍊光

在腳的趾甲上觀赫利字時，大家可以在字上的每一筆劃都觀出五個金剛鍊光的亮點。用五個亮點的用意，一來是因為如果每一筆劃的亮點太多

的話，觀力不夠就不易觀成。再者就法義而言，這五個亮點代表著五方佛。如果不觀亮點而以整個赫利字修觀的話，則太浮淺，脈不易打通。

大家可以一次觀想一個筆劃上的一點，這樣一點一點慢慢觀想，連續五點依次觀出來，也可以同一條筆劃上的五點一次修觀，來回共重複五次，也可以每一條筆劃上的五個亮點都作練習，依自己的時間長短而作調整。

至於每一亮點之間的空隙要不要觀修亮點？不需要，因為見煙即知火，見有水流下即知上有水源，管子末端出水即知管路是通的。

修藥師佛的人可以觀唄字，同樣也在每一條筆劃上觀出金剛鍊光明點。

我再把這個方法講清楚一次，現在很流行指甲裝飾，把碎鑽黏附在指甲上面，大家觀修指甲明點時，就可以把亮點想成是碎鑽，每個碎鑽都是具足光明四相的閃亮明點，這些碎鑽般的閃亮明點就分佈在（千手觀音種子字）或（藥師佛種子字）上，每一筆劃各分佈五個亮點，然後當觀想指

甲吸氣時，一個個碎鑽明點就像太陽一樣的亮起來了。

一條筆劃分成五個定點觀修的好處，是能讓你易於掌控，亮度會更強，如是循序而觀，一個指頭修完，再修另一個指頭。但如果你覺得這對你而言太複雜了，你也可以觀想指甲中間有一點亮起來了，然後五次呼吸就使指甲整個亮起來，再來完全亮透。

大家可以從一隻腳的小趾趾甲開始，一直練習到大拇趾，再換另一隻腳從頭練習，每一個趾甲呼吸五次，左右兩腳共呼吸五十次，也可以一個趾甲呼吸十次，依時間多寡調配，坐捷運時也可以練習。

至於手指，大家也是可以從小指的指甲開始練習修觀，因為最小指往往是我們身體最脆弱處。觀想第一個碎鑽亮起之後，接著第二、三、四……點都一一的亮起來了；修觀時全部身心放鬆，氣可從中脈吸入，但氣吸入時是小指頭上的明點一一亮起來，每一筆劃的明點都亮起來了。

在五個腳趾甲上依次觀五大的種子字

另外還有一種觀修方法，就是腳的五個趾甲上，觀想五大種子字依次觀阿𑖀（表地大），鑁𑖪𑖽（表水大），囕𑖨𑖽（表火大），哈𑖮𑖽（表風大），佉𑖏𑖽（表空大）五個種子字，可以每隻腳趾頭都觀修（同前面𑖀𑖾字的筆劃觀修明點的方式一樣），也可以從最弱的指頭開始觀修。

用前述指甲方法修習，這輩子一定能夠成就，因為我不希望下輩子再見到大家還在這裏輪迴。

作這個指甲觀修時，手指頭以及以前受傷的經絡處，都會流出黏黏的液體，表示體內開始排毒。

所有佛法的觀修都要配合對空性的理解，這篇〈甚深中脈義〉其實是一切佛法的總合，修行是要空性跟方法結合，透過實務的方法修持，來明證〈甚深中脈義〉的義理。

中脈越通，呼吸越細，明點愈亮，中脈暢通時，呼吸從微微轉細細，最後身體中間只賸下一縷如絲的呼吸，甚至比絲還細，但有時也會突然有一股很強的氣息倏然吸入，但大致上是一息如絲，若有若無的出入息。

透過前述的教導與說明，我又把「如摩尼金剛，鍊光流轉，相聚成佛，微如胡麻，透如水晶，無實如虹，明如千百億日，微佛相流宛轉，會成大身如來」的道理教導了一次。

指甲呼吸成就了，能夠練到觀微密照了，你的細胞、毛孔等等，就變成都很容易觀了。而且觀指甲觀習慣了，因為指甲可以剪掉，所以你也比較不會執著，指甲是自己的也不是自己的，就比較容易無我了。

而因為常常作如是修習，當指甲剪除丟棄時，對眾生也都會有利益。

空與無我的體會

大家在練習中脈修持法時，氣脈如果轉動時，會有疲累的感覺，而且會從骨頭鬆出來、柔軟出來，從心識到細胞到身體，會有一些殘存的東西會流出來，可以多喝水清淨掉。如果是從心識到骨髓到身體，有明顯柔軟的感覺，就表示已經有進展了。

最強力的動是從心識的轉動而來的，最強烈的心識轉動就是對於空的體會，此時無我會現成，當心強烈體會無執，會讓我們根本的心識產生動搖，即生命根本執著的染垢會開始搖動，會浮到表層。

對於空與無我的體會，會使我們從心、息、脈、身到每一個細胞都產生動搖，無所得、空的覺受、如幻的現象；會使得六根對六境生起空、如幻的覺受而沒有執著；對外在的世界，所聽到的聲音、看到的形色、觸到的感覺，都會產生變化，會感覺一切的東西更明顯卻更幻化，聲音更清楚卻如空中的響聲，吃東西會更柔軟，很真實而不實在，這些覺受都會出現的，但出現就隨它去吧！什麼叫隨它去？就讓境界自己走吧！不要跟隨著它，也不要執著它。

再提醒大家每天可以唸一遍〈甚深中脈義〉的偈頌，每天唸一遍，對身心絕對會產生作用的，會轉動心識。

〈甚深中脈義〉其實是以中脈現觀的立場，來圓滿一切的佛身，這裡面包含了整個中脈的現觀，整個心、氣、脈、身、境的圓滿，即一切佛身的圓滿，這裡面講到關於中脈的定義、用處、形色、性質、理趣、妙用。

當你證得中脈之後，它所顯現的與諸佛同體，順暢通滿，這還是心、氣、脈、身、境的問題。

在修學的過程中，我們是從境的統一來回歸自心——亦即從外在的壇城、外在的佛像、莊嚴的佛事開始。這是因為，當我們無法從這外在的境中，很清楚的看到它的體性時，只好從境的形色所顯現的外在的莊嚴佛事著手，當我們無法從這外在的境中，很清楚的看到它的體性的時候，只好從境的形色所顯現的外在的莊嚴裡，從自心產生一個觀點和見地，而達到統一。

佛法無多子，一切佛法所談的就是一實相的問題，即三法印的問題——諸行無常，諸法無我，涅槃寂靜。三法印牽涉到三個問題——時間、空間與心識，而這三者皆統一在「一實相印」裡，也就是空！

空顯示是實相，實相在理趣上它顯示為二個東西，一個是理，一個是事，「理」是指緣起，而「事」是指緣生，亦即理是緣起之理，事乃緣起所生之事，所以理不離於事，事不離於理，所謂「有因有緣世間集，有因有緣世間滅」，有因緣聚合了，世間生起，一切現象的背後，都有其生起之理存在，而現象是事；「有因有緣集世間，有因有緣滅世間」，世間生滅必依於理，理必能形成世間的生滅。所以「佛法無多子」談的都是這些東西。

但是就法界而言，法界只是實相，所以在法界中談成佛、談輪迴，都只是多事之舉；就法界而言，沒有成佛與輪迴一事，因為一切現空，一切不生不滅，不來不去，不一不異，不常不斷；所以一切法扣緊的就是不生，不生正是空，也是實相，也是因緣。

法界一切現空、現前無生的事實，對於我們而言，我們從來沒有離開過此一實相，我們生活於此實相當中，我們與諸佛亦從來沒有差別過，我們跟諸佛在法界當中絕對是平等無二，不多不少，在諸佛不增，在我們不減。

但是，我們雖在實相中，卻悖離了實相，在無生中妄見生滅；在超越苦樂當中，有苦有樂，落於生滅。因為悖離了一切現空這個事實，在平等法界中，心妄生苦樂、妄見生滅。所以修行必須處理的，就是我們的心，所以實相之旅，必須用心去體悟、去解脫。

六祖惠能大師說：「佛法在世間，不離世間覺，離世覓菩提，恰如求兔角。」但從另一個角度來講，實相從來沒有遠離現實的法界，實相並不是只有在淨土才有，我們到淨土去，只是為了保證我們不迷而已。假若是不迷的人，我們在這邊跟在淨土，等無差別，這裡就是淨土。

在無生無滅的實相法界與幻化當中，我們自心生起了苦，生起了樂；在實相遍滿一切處當中，我們所要解決的，不是真的問題，而是心的錯認問題。也就是說，實相的問題必須落實於我們心的層面來解決。

所以，佛法講「心」並不是特別重視有一個「心」，而是這個問題的迷惑點所在的心，所以是解鈴還須繫鈴人，只是這樣子而已。大家不要太把自己的心看成怎麼樣，它自身本沒有怎麼樣也沒有不怎麼樣，只是我們去把它弄成怎麼樣了，所以我們就把它怎麼樣，就這樣子而已。

心與宇宙的相關性

所有佛法講的皆不離實相，解決的樞紐則在我們的自心，因之，佛法講的十方三世，講了六大……等等一切法界的眾相，但處理的法門都只用「三科」來處理。「三科」是將一切諸法分為「蘊」、「處」、「界」三類，稱為三科。即：

一、五蘊，又作五陰、五眾、五聚，指色、受、想、行、識。

二、十二處，又作十二入，指眼、耳、鼻、舌、身、意；色、聲、香、味、觸、法。

三、十八界：眼、耳、鼻、舌、身、意；色、聲、香、味、觸、法；眼識、耳識、鼻識、舌識、身識、意識。

這三科總攝佛法中談及的宇宙一切萬象，但扣緊的是自心跟宇宙的相關性。怎麼說呢？因為迷者在我，迷者在心，所以必須從這裡下手去處理，若你從此扣緊處一悟永悟，那麼大事永畢，一切就沒有問題了，佛法所有的法門都是從這扣緊之處發展而來。

如《楞嚴經》中所說的二十五圓通法門，即十八界加上六大，再加上見大，而變成二十五圓通。

又如懺悔法門也是從心的懺淨而有二套系統：一是從身、語、意三業清淨來懺悔，一是法華系統的六根（眼、耳、鼻、舌、身、意）懺悔。

而所懺悔的是什麼？最初步的懺悔是「諸惡莫作」，更進一步的懺悔是「眾善奉行」，究竟的懺悔則是「自淨其意」，所以最後的懺悔是「端坐念實相」，即無我而六根清淨，六根返源無自性，是名為空。

一切法門，如《金剛經》裡所說，心的空是「無所住」，境的空是「不可得」。所以要處理一切實相染污的問題，要扣緊於心，亦即一切問題必須由自心去體悟，去體悟實相。

借六祖惠能大師的話句稍微修改了一下：「佛法在自心，不離自心覺，離心覓菩提，恰如求兔角。」所以一切撥迷得悟的關鍵在於心，但是也不要誤以為佛法在求一個「心」。無心可得，才可名之為清淨心。

佛法求的心是什麼？是「心空」。佛法證的法是什麼？是「法空」。

因此，我們從形色中所顯的種種莊嚴之境，如佛堂等的妙色嚴具，而在這外相的背後，則是與空性相應的，所以我們從這莊嚴之境所看到的佛是覺者，所皈依的法是能覺的力量，僧則是求覺的群眾，這些背後都是要覺空，所以形色莊嚴的背後是空，境與空的統一，讓我們有覺路可行，也就是外在的形色莊嚴，讓我們身心能安定統一，而與「覺」相應。

這教導極其重要，天天都可以練習，絲毫沒有任何風險，尤其睡覺前練習特別好用。但是如果練了容易睡不著的人就不要在睡前練習。

第四章 一切自在現成

圓滿的金剛身

「金剛身圓，一切自在」，「金剛身圓」是成就金剛身，「一切自在」即是前面講過的「慎獨」，而什麼是真正的「慎獨」呢？即是可以沒有任何條件，任何監督，不須依賴任何思惟的過程，而現前現觀。佛法都是現前現觀的，是現觀自在，一切自在，一切時中，如觀自在，無有差別，法法圓滿，一切皆如，在緣起上會相應因緣，但在自心上，一切都是實相，從未遠離。應對進退，是恰恰如如的，心呢？從不變化，也就是隨緣不變，不變隨緣。

明代著名的理學家王陽明，在他臨終前，旁人問他還有什麼遺言要交待的，他答了一句偈：「此心光明，夫復何言！」

各位，這樣的話語不必臨終才講，隨時隨地可以講。但是如果真的要走，至少要具足兩個條件之後才可以走。

第一，現在就走時，你是感覺完全的自在和歡喜，第二，一百年後走，你還是感覺完全的自在和歡喜，也就是現在走和一百年後走對你來講是一樣的，完全是平等如如的，這時候，你可以走了。

「一切自在」，是時間在你身上，空間在你身上，因緣在你身上，你每天還是一樣應對、吃飯、睡覺，但是已經不留下任何痕跡了，隨緣應世，吃飯時吃飯，睡覺時睡覺，如是不變，不變而隨緣，是名「金剛身圓，一切自在」。

「自體性成，地、水、火、風、空、識」，自體性完全圓滿，具足地、水、火、風、空五大的妙德，五大只是一種宇宙存在的分類方式，就如同諸佛智慧現在是以五智為核心，再加上很多的眷屬智慧，但你若講十智也未必不可，目前以講五智為主只是一種方便分類。

自心的覺性

佛法的內容不外乎二者，一個是指涉實相是如此，第二是以諸種方便教導眾生成佛；所以佛法第一是服務實相，因為它就是實相，第二個是服務我們的心，讓我們的心去成就實相。

很多佛法的論點或觀點，到最後都是要扣緊實相的問題，但因為實相不屬於文字，任何文字本身然當是實相的一部分，但也沒辦法呈現全部實相。

佛法的名相是要服務我們的心。但很多人到後來卻搞糊塗了，以為沒有這些名相我們的心就不能解脫，不是這樣子的。或者以為我們的心，我們的存在，必須削足適履的去套用在唯識、中觀、密法或禪法上面，必須把我們的心割成不同的方圓形狀，去適應不同的修法模型，我稱之為「纏小腳」。

殊不知宗派不是那麼重要，佛陀的正覺才是最核心的，我們的心要問這些教法如何來幫助我們成就，而不是要我們的心去迎合這樣一塊又一塊的名相。

六祖如果不是有這樣的體會的話，他就開不出禪宗一門，但禪宗開久了以後，又有一堆人要我們跟著他後來所畫出來的規矩來作了。

佛法講的只是空的道理，如果修學唯識忘記幾個名相，沒關係的；忘了祖師的名字也沒關係，不要忘了自己本心就好了。自心的覺性，才是真正的上師，才是如來，任何經典所講的都是如此。我也是如此宣講《楞嚴經》的。在經中，文殊菩薩代表我們的本心智慧，如來即是我們的自心清淨本然，從自心清淨本然所宣出的語言，就是楞嚴咒，而我們被迷惑的心就是阿難。

脫隊落單的阿難，就像我們切開了自心跟外境，當我們切開自心跟外境時，外境便會引誘魅惑我們自心，而這外境其實是我們自己心裡面的東西，我們心裡的淫欲化成摩登伽女，用先梵天咒迷昧我們的自心，此時如來頂上化出大白傘蓋佛母驚覺我們。而如來喚得醒我們嗎？

所以，一切經典都是在講我們的自心，而六祖所體悟的正是這個道理。

因此，宗派的差別與爭論，其實只是在爭論桌上這杯水，到底是要從杯口的東邊喝，還是要從杯口的西邊來喝這杯水？還好眼前這杯水只是小杯，如果是一缸很大的水，杯口這邊跟那邊的距離看起來就很大了，那就很有得吵了，但其實不就是同一杯水罷了！

我在美國講說《心經》的時候，我發覺用英文講《心經》比用中文講，更容易把《心經》的道理講清楚。為什麼呢？因為我用中文講五分鐘的《心經》，另外還要用二十五分鐘，解釋這句話的中文意思在不同宗派的不同看法，正確的意理是如何才究竟，但是若是英文就直接講就可以了，反而簡單，大家更容易聽得懂而契入。

所以，大家要了解，名相與宗派只是幫助我們契入佛法核心的工具，但久而久之，床上疊床，屋上架屋，結果這些名相反而變成擋在我們眼前的大山，到最後就規定你沒有鍛鍊後就不能進去了，你得先爬過眼前這山才行，但是，真的山只有在你心裡面，你直接去面對它比較重要。

煩惱，是凡夫都擁有的，不必去書上找著各種煩惱的名詞，才發現自己有這個煩惱，你自己每天都有，不管它叫什麼名字，就是煩惱，而解決了這個煩惱，我們就開悟了，不必先在書上找了很久才說：「哦！我這樣才能解決煩惱！」

從自身到外境皆是金剛微佛所聚

地、水、火、風四大的說法，並不是佛教特有的，這是自古以來，原始的民族及全世界各種古老哲學，對於其所生存的環境，依於人類感覺，對周遭自然所作的分類，四大加上空（空間）就成五大，五大加心識就是六大，再加上《楞嚴經》特別提出的「見大」，就成為七大。

但是佛法對於這些地、水、火、風、空、識的特別解釋是，六大的內在都是如幻的，都是空的，六大是從空裡頭如是的展現而已，這是佛法不共的智慧。所以「唯識學」有人稱為「唯智學」，這很有道理的，因果一個講因，一個講果，但是因果是一樣的，所以，「自體性成」。

六大常瑜伽

當我們把這「地、水、火、風、空、識」的身心淨化，而跟空性相結合時，即與空海大師的「六大常瑜伽」說法相應，空海大師的「六大常瑜伽」這句話是很了不起的，可視為大圓滿的觀點，意即六大本身是相應不二的，「瑜伽」即相應之意，是說明我們自體所現的這個存在，本身是空性，是一如，所以六大是相應、相攝、相即、相入。

這個觀點在《楞嚴經》是如何處理的？是「聞性不滅」，是「見性不滅」，性即顯現在見聞覺知，顯現在六大，所以說：「六大常瑜伽」，從三密的角度看，佛陀的三密跟我們的三業是永遠一如的，所以「三密相應」，亦即「三密瑜伽」。因為透過空性，所以我們的三業即是佛陀的三密。

「四曼恆不離」，我們的身即四種曼荼羅，四種曼荼羅是：法曼荼羅、大曼荼羅、羯摩曼荼羅、三昧耶曼荼羅，即具足佛身跟佛身的行動。

這個道理了解了，就可以完全體悟「地、水、火、風、空、識，六大瑜伽在，常大光明身爾」，何名為「常」？離於生滅稱為常，不是有恆常的常，有生必有滅，所以無常可得；但「常」既不可得，故「無常」亦不可得，是名為「常」，離於生滅的緣故。離於生滅，無染無執，所以「常大光明身爾」，自身即具足光明的四相：「如千百億日光明，如水晶般透明，如彩虹般無實，遍照光明」。

一切本然現成

「法界諸佛，本然現成」，在《華嚴經》〈如來出現品〉當中，佛陀明示我們，當佛陀欲成佛時，他見到法界一切眾生都成佛了，他如果沒有見到法界一切眾生成佛，事實上他是沒有辦法成佛的。

這是在〈如來出現品〉裡很重要的一個教導，也是最重要的一個主旨。但是眾生成佛跟不成佛，如來是無有分別的。

所以當我們成就這個「六大瑜伽在，常大光明身爾」的法身境界時，法界諸佛，本然現成，一定是如此的，但是有佛無佛，無有差別。這是個事實而已，你在無分別中，什麼是佛？什麼是眾生？你有執著嗎？沒有！所以，法界諸佛，本然現成。

「法爾六大，外器世間，一一有情，自是金剛微佛所聚」，地、水、火、風、空、識這法爾六大，與山河大地器世間，以及我們本身的頭髮、腦髓、牙齒、指甲，每一個細胞都是金剛光鍊，中心都是空的，宛轉光成，都聚成光明的佛。小佛聚大佛，大佛攝小佛，相攝而無量變化，這個階段是我們從一開頭修中脈，而一路下來，到這裡就產生了這一切的身心轉化，是從

「心、氣、脈、身」的轉，到最後是外器世間的「境」轉化，外器世間也還是法爾六大。

心與境的聯結

我們可以練習感受一下自心與外境的關係，當我們手拿起眼前這個杯子時，我們是拿起外在的杯子？還是拿起不是外在也不是內在的杯子，只是同體一如的杯子？所以，這杯子不是外，也不是內，它只是法爾一如，是空的，同體一如。

我們對日常所使用的一切，比如杯子、碗，我們夠慈悲嗎？

我們對每天餵養我們的白飯慈悲嗎？我們是怎樣咬著這口飯的？

我們是怎麼呼吸的？這呼吸是內還是外？

我們又是如何吞這口水的？我們吞唾液時，是把它當成是自己呢？還是不是自己？

有人可能認為我怎麼會這麼無聊，但這是無聊嗎？

一個修行人他是怎麼走路的？我們也許只關心自己的步伐，但有關心這塊我們所步履的土地嗎？當我們踏下去時，你跟它是合在一起，還是遠離的？

手上拿的筆，你是把它抓著、壓著，還是黏著？

你跟筆之間是一如，還是遠離？這些都要好好參究，因為，你這樣拿起來，黏著它時，你是黏著它的光明，而這些都相應於你們修證的成就。

禪宗也有一個拿東西的故事，就是金碧峰禪師的故事。他對皇帝供養給自己的紫金鉢極其珍愛，他雖然修證到一切都空了，不再執著了，但唯一的不捨就是那個紫金鉢。傳說有一天他壽命到了，但來抓他的無常鬼卻四處找不到他的蹤跡，後來拘他的鬼卒就跑去問土地公，土地公就說：「唉呀，那個禪師已經修到空的境界裡面了，所以你平常看不到他的蹤跡。」

這話中另有玄機，就是在告訴我們，若我們能觀空的話，鬼神就覓不了我們的蹤跡，因此，若有人晚上被鬼掐住脖子的話，你只要觀空鬼就會被摔倒了，所以不用怕鬼，反而人比較可怕，鬼是喜怒必形於色，人則很容易內藏禍心，因此鬼要害人反而很難，它只會嚇人，但誰說你一定要被它嚇呢？

我現在講一個真實的鬼故事給你們聽，我以前唸大學的時候，有一個學妹從小就看得到鬼，鬼中有一個老女鬼特別喜歡嚇她，嚇到最後她實在受不了了，就跑去跳河自殺，結果跳下去時，剛好水淺泥厚，爛泥巴把她撐住了。死過這次之後，從此她不太怕鬼了。

而一個人如果真的像鬼電影所演的一樣，被鬼抓破喉嚨修理的很慘，那大概是情節嚴重至極點，可能是害人害了五百世才會這樣，否則，人鬼殊途，鬼只能嚇你或讓你倒楣一些，或是讓你晚上睡不著而身體不好，亦或讓你疑神疑鬼，這些事鬼是做得到，但你如果不怕它或不理它的話，鬼也無可奈何。

所以看到鬼的話，你就把它當成是家裡有小貓或小狗跑來跑去，不管它就好了。有看鬼的能力並沒什麼了不起，而如果以為只是看到幾個鬼，就表示有斷三世因果的能力，那就更莫名奇妙了！因果因果不是這樣看的，只是世間人沒有知識的居多。

有些人不相信台灣的鬼，卻喜歡相信外國的鬼，其實無論是信台灣乩童還是信外國靈媒，兩者並無不同。其實，唯一能信只有自心的覺悟而已！所以我們不能口說：「我願意度盡一切眾生」，但卻怕鬼怕得要命。鬼是什麼？鬼也是佛！如果家裡有蟑螂，就把蟑螂觀想成佛，觀想鬼為阿彌陀佛，這是對眾生最大的尊重，最大的幫助，也是最大的加持。

還有一點，鬼跟人之間的恩怨比較少，反而人跟人之間的恩怨比較多，如果你能把那朝夕相處，可恨的同事或可恨的老闆觀成阿彌陀佛的話，你的修行就更上一層樓了，把每一個人都觀想成佛就真正好了！

我們再回到前面金碧峰禪師的故事，他本來修空性已經修的很通達了，只是心裡頭還有一點不捨那個紫金缽，結果無常鬼就去搖他那個缽，金碧峰禪師在定中聽到鉢響的聲音，心一動就出定了，一出空馬上就被逮住，後來他就問拘拿他的鬼神，怎麼能看到他的踪跡呢？應該鬼神不勘踪跡呀，拘提鬼就告訴他：「因為土地公告訴我們，你喜歡這個鉢。」金碧峰一聽，原來如此，就把紫金鉢打破，就沒事了。

請問金碧峰禪師的紫金鉢，跟中脈有沒有關係？

你手裡拿這個杯子跟中脈有沒有關係？都有關係！我不相信一個已經證得中脈的人，拿東西時會如視寇讎。有時我在路上走的時候，要是腳不小心踢到停在路邊的車子，我會跟它對不起，為什麼？因為它會痛，這個痛會在我心裡，就如同我走路時，絕不會用力去踩地，因為它是跟我合在一起的，這世間沒有一個東西是跟我們隔離的，因為，這一切哪裡不是我們的中脈呢？

所以，從自心到法界，從法爾六大、外器世間，一一有情（有情世間），到正覺世間，「自是金剛微佛所聚」也就是從器世間，有情世間，到智正覺世間，每一點都是金剛鍊光，都是佛、如來；但是，自己很慚愧還未修證圓滿，不像佛陀，有時候還是會受到外界影響。雖然如此，但是這種理趣是很清楚，這種修行是事實的，也就是自心跟外界完全一如是一種事實，是真正的實相，不會跟外界切割，是多麼真實的自心！

法界萬有的虛幻性

「虛空也，風息也，火大也，諸水也，諸大地也，一切有情種識生命。」談到火大，初步的修行人有時候放光是很大很亮的。像以前我剛打完禪七之後，整個頭會發熱，坐在我旁邊的人會被我吸引過來，而且冬天時因為天氣冷，我的氣會上行，所以很多人不敢看我的眼睛，因為我的眼睛就像兩個探照燈一樣亮。

但是修行到最後就不會有這種現象。因為最後會跟外境融在一起，你到任何一個地方，是跟整個地方融合在一起的，所以人家不會特別感覺到你的存在，只是感覺有你在好像比較好，就像和風輕拂一般。當然我的力量有限，因為我慈悲心還不夠，但也不再自拘於身。

「虛空也，風息也，火大也，諸水也，諸大地也，一切有情種識生命，人也、天也、動物、鬼神、六道一切眾、法界二十五有，一一微分，細如胡痲，皆是現成明體諸佛，如金剛鍊光宛然相合，相攝相聚，自在宛轉，流光成佛，法爾圓滿。」我們的每一個呼吸，每一個動作，合在一起，都是諸佛光明的流轉，互相流動，光光相攝，是諸佛身相互流轉，自他都是佛身。

前面「虛空也，風息也，火大也，諸水也，諸大地也。」這五大是器世間；「一切有情種識生命、人也、天也、動物、鬼神、六道一切眾、法界二十五有。」是指眾生世間，地獄道的眾生也是佛。

講到這裡，也讓我想起過去個人修行的軌跡。在大學的時候，我讀到《華嚴經》〈十迴向品〉裡，有「代一切眾生受苦迴法」法門，那時候因為感覺自己力量太小了，就觀想自己成為千手觀音，每天進入地獄裡面去代一切眾生受苦。但是想歸想，行為還是不具足。

當時我和佛學社的同學們常在我們的佛堂「莊嚴精舍」禪坐、共修，我每天就在那邊跟大家一起打坐，也教導打坐。這個地方在要登上指南宮的旁邊。有一天，我經過屋旁的廁所時，忽然聞到一陣臭味，一念厭惡的心就不自覺的生起了。但馬上第二念就像一記重拳似的迴打過來，深深的打在我的心上。「我怎麼會這樣？我每天觀想自己進入地獄裡面去代一切眾生受苦，對廁所的臭味就受不了，這樣怎麼能入糞便地獄代一切眾生受苦？」這個覺察讓我深深懺悔。

所以，修行是心口一如的事情，我做的不是很好，但是對於生命的感受是很真實的。所以，看到一切眾生是佛，不是一種觀念，而是一種事實，看眾生是佛，這是最深的智慧；也是最大的慈悲呀，更是對諸佛最大的供養！

以無執著心相應一切

「法界二十五有」，什麼是「有」？「有」是一種存在的現象，用現代的話講就是「存有」，但佛法的存有觀跟哲學上的存有概念，並不是完全一致的，兩者有重疊之處，亦有差異甚大之點，因為佛教講的「有」是認為這個存在是虛幻的，是依於時空的虛幻認知而建立的，並不是真的存在，只是虛妄認知之下的產物。為什麼佛法認為所謂存有是虛妄的呢？舉例子來說，眼前這本書、這張白板、你我他等人物，以及周遭的山河大地，這些都是眼前的現象，但問題是現象只是現象，而對於這些現象，我們在心中產生怎麼樣的相應卻是核心所在！

對於眼前一切現象，我們若能穿透其表相而徹底了解它，便能放下一切執著，即以無執著心去相應一切因緣。而如何才能穿透表相、放下執著呢？如果眼前一切現象是真實的，那麼我們在心裡便必須真實面對，不能將真作假，說有為空（無）；但事實的真相是，一切的現象都是由因緣所生，並沒有一法能脫離因緣而有自體的獨立存在，亦即現象是存在的，自體是虛妄的，因為現象的自體性並不獨立存在，故名為空。

「空」不是空無，是現象有，自性無（空）。「無」在某些方面是一種訓練的修證方式，「無」不一定等於「空」，有些地方「無」是等於「空」，有些地方不是，為什麼？因為「無」跟「不無」都屬於空。

其實沒有任何東西是假相的，假相是我們的錯誤認知而產生的幻影，我們才說這幻影妄想是假相；但問題所謂的幻影、假相、真相、現象等，其實都是一樣的，都是真的。空，不只是「無」是空，「有」也是空。「無」是一種很好用的，訓練行者證入空的方式，因為無可以對治我們對於現象的執著；現象是中立的，它不是有，也不是沒有，一切現象是空，自體不真，不真的緣故，故說現象的存有是虛幻的。

若將虛幻存在當作真的，即名妄想，虛幻的存有在妄想中是真的。在虛妄中的虛妄為真，在虛妄中我們的感受是確確實實，猶如夢中之夢，夢夢皆真，只有夢醒之人，乃知夢幻不真。越是清醒之人，受到夢的作用影響越小，修證層次的高低，也能增減修行人遠離顛倒夢想的力道。

現象是空，空故不可得，不可得不落於有或無，而是沒有真實的東西可得故，是倏起倏滅的。「因緣所生法，我說即是空，亦名為假名，亦名中道義」所有現象空，是假名，是中道，是因緣法，故一切的存在，包括我們的生死，現象的生滅等等，我們能如實了知其不可得空義，乃能趣入於道。

修行的戰略與戰術

修行有兩個層面，一是高階的戰略層面，一是低階的戰術層面。戰術層面講究的是「術」——修行的方法，戰略則須悟入實相才有得談。舉例來說，念佛三昧的修行是透過念佛的方便（戰術），來跟佛相應，依佛的力量而見到實相。修密法的人則透過氣、脈、明點，生起次第及圓滿次第等種種修觀之法修持，但若對空、實相缺乏體悟，不知本尊的真義，只是不斷在戰術方法上下功夫，到最後只是練得一身好技巧，卻沒辦法解脫，只是個修行技師而已。

這時人家請你去修什麼法，你便修什麼法，很有感應，也很有力量，可以對很多人提供服務，但解脫呢？那是另外一件事情了。所以沒有戰略層的實相見地，那是不足以談解脫的。

因此，不管是顯法或密法，都是強調先建立「見地」，尤其是密法特別自詡為見地特高（比如大圓滿見地、大手印見地），必先建立正確的見地才能著手修行。結果現在大家都不重視見地，而都是在比賽：你有沒有聽過這個修法、那個修法。

我並不是否定修法技巧，而是提醒大家要重視正見（戰略），修法技巧是功夫（戰術），正見是證量（戰略）。

我現在要從這裡轉移到另一個話題的討論，以更進一步釐清前面所述的論說重點，就是現在有一些自認為通達佛學的人說：「唉呀！只要有一個阿羅漢在，就不會有戰爭了。」這樣的說法是很奇怪的，因為很多阿羅漢是沒有神通的，現在的泰國、緬甸等地都還有阿羅漢，但還是有許多天災人禍。不要說阿羅漢在就不會有戰爭，其實連佛在都沒有用，因為佛陀的母國也是被滅亡的，怎會沒有戰爭呢？

但戰爭是屬於眾生的事情，眾生的業障所成，跟佛陀的覺悟有什麼關係呢？佛陀的覺悟是告訴大家，如果眾生覺悟就不會有戰爭，而不是佛陀能代替大家承擔戰爭，他又不是神！而即使是神也沒有用，現在大家就可以看看，神到底是不是喜歡戰爭？現代的戰爭有許多都是因神而起的。而且越神聖的戰爭越恐怖，因為在神的眼中，生命是最微不足道的，以萬物為芻狗，人呢？也是芻狗而已！

像有一部電影卡通片叫作「聯合縮小兵」，故事敘述一個小孩，因為他的生活受挫，所以就摧毀他家前院的蟻丘來出氣。結果螞蟻就發明一種藥水，滴在小孩的耳朵裡，就把他變成跟螞蟻一樣小，然後讓他在螞蟻社會學習，改變傲慢排他的心態，明白友誼、同情、團結合作和忠誠的真諦。

這卡通片可以讓我們得到啟示：如果我們心態上自認為是高等生命的話，我們會對低層的生物生起慈悲心嗎？所以，要小心自己的心念，佛陀不會自認為是高等生命的，佛陀是平等的，一個覺悟的人不會認為自己比較高級的，他會認為大家都一樣。

證量與功夫

接回到前面所講的功夫跟證量的論題。解脫是靠證量，而不是功夫，因此，如果有修行人碰到病痛時告訴你說：「我心力提不起來，功夫用不上！」就是此時念佛或持咒使不上力，修不起來，這代表這個修行人證量不深，解脫有問題！

目犍連的故事可以說明功夫跟證量的差別。目犍連是佛陀弟子中神通第一的尊者，人緣很好，當時的印度諸國國王有很多是他的弟子，但是這樣好的人際關係，卻引來裸形外道的忌恨，於是就找機會把目犍連給暗殺了，但因為目犍連的神通實在太厲害、太有名了，那些裸形外道怕他死了又復活，於是就把目犍連身體全部打碎，成為肉泥。

舍利弗看到目犍連的慘況，就問他：「尊者啊！你不是神通第一嗎？怎麼會被打成這樣？」

目犍連就答道：「唉，業力所拘故，我那時候連『神』都想不起來，怎麼會『通』呢？」所以，神通基本上是屬於技術層面，但是，當目犍連被擊殺而死時，他的證量（涅槃）並不會消失。所以從這個例子我們可以了解，一個具足證量的人，他的涅槃是從內到外整體如如的，而神通技術是功夫層面有時或忘的。

因此，證量具足是最重要的，阿羅漢並不一定具足神通，但卻具足解脫的保證。

另外，佛陀的弟子中，蓮花色比丘尼也是具有神通者。但是蓮花色比丘尼後來是被毒蛇咬死的，也有說是被提婆達多一拳打死的。但對前述的目犍連及這位蓮花色比丘尼而言，死的過程會不會痛？當然會痛，但解脫的事實不變！

我曾經寫過一篇文章叫作「不敢求好死」，對我來講，求得好死並不在我生命的計劃裡面，很多人以為我是禪者，但我自認為是中觀行人，雖然我並不屬於特定的那一派，而且我也沒有宗派的問題。對於一位中觀的修行人而言，空愈大，悲越大，怎麼走並不是問題，像龍樹菩薩是被草割頭而走的，他的弟子提婆則是被刺殺的。

當然能夠好好的走是很好的，最好是走著走著，就這樣走了是最好的，但當我們對於證量有很好的掌握時，就算成了植物人也不會影響你的證量。當我們能夠完全自在時，還有什麼會讓這個自在消失的？所以，我們就可以安心過活了。雖然這樣的日子也不定過得很富裕，可能也會匱乏或困窘，但我們卻可以永遠安心了，因為自在的證量不會消失。

另外，還沒有取得證量之前，修行是要下功夫的，不管是念佛、持咒、參禪、修觀等，都要每天孜孜矻矻，每天不間斷的用功，直至得到證量為止。而在修證的過程中，方向要掌握正確，比如西藏的世間護法神，有的也會轉世而號稱仁波切的，但實際上只是世間的神祇而已，並未解脫。所以修行要先有正確的見地，再好好下功夫，取得證量之後的菩薩行，也要細細密密更加用功夫去加深，也就是修行證悟的前後都要下功夫，只是解脫是如實的證量而不失。

修行的戰術功夫跟戰略目標要非常清楚，不可混淆，否則修行的路走著走著，有時會突然迷失掉，有太多的人迷失了，一些平常講空講的很大的人，忽然有一天碰到境界，空突然就消失了，非常緊張，或者碰到嚴重的病痛就身心垮掉了，這就是平常都在談功夫，而忽略證量的取得，這個情形自古來都是一樣的。

回到見地的建立上頭。心要沒有執著，必須見一切現象時，了知現象是虛妄的，不是「有」，也不是「無」，是「見諸相非相」，這裡有一點要注意，很多人講現象是「無」時，是在心裡面立了一個「無」——斷滅見，殊不知，現象是「空」，「空」不屬「有」、「無」，現象是倏起倏滅，不可執，不可得，不生不滅；面對現象時，心是無住，無住而後生心——生「阿耨多羅三藐三菩提心」，即生「無上菩提心」。

《金剛經》的教法，徹頭徹尾的都在教導我們修證無上菩提心，即用無上菩提心清淨我們的心，讓我們的心從虛妄的行、願菩提心趣入，來證得明心菩提的勝義菩提心，並且從清淨的勝義菩提心安住中，發起出到菩提，最後證入究竟菩提。整部《金剛經》就是無上菩提心的修持，是無住，絕對的無住中生心，大空中生起的就是大悲心，空愈大，悲愈大，否則，無住會入涅槃。

生命存有方式的分類

因此，佛法所講的存有，這個「有」當下是不真。三界二十五有是佛法對於生命存在方式的分類，不必執著於其精確性。就像佛法所講的四大部洲，也只是對於人類鄰近環境約略分類而已。三界是欲界、色界、無色界等三種存在領域，六道是六種生命類型，六道有時又稱五道，因為其中的阿修羅道眾生在其他五道中皆存在。

二十五有則是就三界六道眾生再作進一步細部分類而已，即⑴地獄有，⑵餓鬼有，⑶畜生有，⑷阿修羅有；人道之四大部洲各開列為一有，即，⑸弗婆提有，⑹瞿耶尼有，⑺鬱單越有，⑻閻浮提有；天界中的欲界六天各開一有，即⑼四天處有，⑽三十三天處有，⑾炎摩天有，⑿兜率天有，⒀化樂天有，⒁他化自在天有；天界中的色界初禪開大梵為一有，四禪開無想、淨居二天各為一有，即⒂初禪有，⒃大梵天有，⒄二禪有，⒅三禪有，⒆四禪有，⒇無想有，㉑淨居阿那含有；無色界四天各開一有，即㉒空處有，㉓識處有，㉔不用處有，㉕非想非非想處有。二十五有即生命存有的二十五種方式。

從虛空開始，「虛空也，風息也，火大也，諸水也，諸大地也，一切有情種識生命，人也，天也，動物、鬼神、六道一切眾、法界二十五有，一一微分，細如胡麻，皆是現成明體諸佛。」這段是講透過內在的調練，身體每一個細胞，每一個部分，觀察其為金剛鍊光所聚攝合成，此時自我內在的衝突會完全消融。此時再回看外界的每一個人，所有的生命，一切的宇宙萬物，會發覺到這些都是無量的佛、無量的金剛鍊光所成就。

大家在實際修持中脈時，會發覺中脈之內，猶有中脈，細微之中，更有細微。當定、慧二力增上之時，粗中脈剝開，細中脈顯露，如是定慧漸漸增上，中脈層層轉細，中脈由是愈趨柔軟，呼吸亦漸細微。

我們身上輪脈的開發是由下往上開，但身心的放鬆是由上往下鬆掉。

我個人有一次的修持經驗可以提供大家參考：有一天我半夜醒來，身體的骨骼「啪」一聲掉下去，平常我的身高是一百七十三公分左右，結果第二天全身的骨骼同步縮收鬆掉，而成為一百六十九公分，後來才又恢復正常。

修持中脈時，不只身體會產生變化，生命的習氣也可藉由中脈空性的修習而化掉，中脈修習就猶如宇宙黑洞的漩吸力量，可將無明習氣吸吞而盡。所以，我們可以知道，如果有人說他修行修得很好，每天唸佛十萬遍，持咒累積上億次，但習氣卻沒有改善的話，那可能還是回到空性的基礎班重修比較好，因為習氣未改而卻說自己修得如何高明，那也只表示戰術技術好，但戰略完全不行。

檢驗中脈修持的方法

中脈修的好與不好，自己就可以作檢驗，可以看看自己的習氣有沒有改變？

習慣性思惟有沒有改變？

看待事情的方式有沒有改變？

跟家中的雙親老大人以及孩子的關係有沒有改變？

跟自己家中的貓、狗關係有沒有改變？

或是你跟眼前每天伏案於上的書桌關係有沒有改變？

這些都是很現前，也騙不了人的，問自己就知道。

以跟桌子的關係來說，這並不是我在跟大家開玩笑，如果你跟每天伏案其上的桌子很沒有親近感的話，恐怕你的中脈修的不好。怎麼說呢？這表示你的身心沒有鬆開，你跟桌子之間有疏離感，彼此距離很大。

進一步說，這表示你的身心是處於緊張狀態，你的心、你的六根被六塵拉緊了，六塵外境透過你的六根作為六弦，把你的心拉緊而控制住了，此時你的心便失去自主迴旋空間，作任何事情便只剩下習氣反應，整個人、整個心像機關木偶一樣，被六塵境界任意操弄。原本心想透過六根去抓六塵外境，結果六塵沒抓著，反而受制於境，真是賠了夫人又折兵。

那麼要如何解脫這個困局呢？都攝六根！六根染執六塵而生六識，識上更生種種妄念心想，結果便墮入輪迴，所以顯教的修法是從都攝六根下手，切斷輪迴；密教的修法則是施設種種方便，六根為佛父，六塵為佛母，根、塵相對所生之六識為金剛薩埵，以普賢王佛父必然不染於法界自在母，所以法界自在母收攝於佛父，即六根不染於六塵，根、塵俱攝，心王即出生大智，悲心亦全部攝入；此時佛智既生，六根即轉為佛智作用。如在《幻化網秘密藏續》中即說：「所謂五支金剛蘊，世間共許五等覺，一切界及一切入，即是菩薩之壇城，地乃佛眼水我執，火是白衣風度母，空為法界自在母，三界無始佛淨土，世間所有一切法，除佛之外更無有，若於佛外別有法，佛亦未曾自證得。」六根即是金剛眼、金剛耳、金剛鼻等諸大菩薩，色、聲、香、味、觸等六塵，即諸佛母之自性。

了解以上的解說，就可以知道中脈修持，不可能跟眼前身手所可觸及的桌子毫無關係，密教中的普賢王如來與法界自在母，所象徵的就是我們自心與法界的交互作用。

不只是中脈的修法，即使是四念處的修法都跟桌子有關，跟我們所對應的外境有關。為什麼呢？四念處的修法是讓身沒有執著，身離執、心離執則氣自通，氣能感通就不會有自他的分隔，法界攝入自心，心界不二，我心跟桌子（外境）完全沒有分別。

再從大圓滿或中脈的修法來說，桌子即是佛，心與桌俱是金剛鍊光而相攝相入，為什麼心與桌有差別呢？

為什麼我會提出「全佛」？當我提出「全佛」時，我一生的教法已經完成、圓滿於其中了。「全佛」不是一種觀念，而是一種事實，「全佛」不只是一種智慧，也是一種慈悲，把眾生看成佛，是對諸佛最大的供養，也是對眾生最大的加持，是對眾生最大的悲心，也是行者自己最大智慧的展現，是累積福德資糧最快速的方法。

第五章 諸佛現成的海印三昧境

遍一切處的法界中脈

從一開頭講中脈到現在，各位應該已對中脈的義理有了甚深透澈的了解。中脈是遍一切處的，一一處都是中脈，因為一一處都沒有間隔，一一處都是佛身成就，所以「一一微分，細如胡麻，皆是現成明體諸佛。」如金剛鍊光宛然相合，相攝相聚。既是獨立，也可以相合而多會入一，在空間上，不大不小，不增不減。

「自在宛轉，流光成佛，法爾圓滿」，一切光明相流，菩薩在四禪時，會有「毛孔流佛」的境界。我們前面在觀修指甲呼吸時，其上的種子字，每一點都是顯現光明四相，最後變成無量的金剛鍊光相聚相合，從內到外都是光明相流。

之所以提出用指甲來觀修金剛鍊光，具有特別的深義。因為指甲到底是屬於你或不屬於你？就人身而言，指甲跟頭髮是比較特別的，除了這二者，感覺上我們身體的每一部分都是屬於自己的。我們人的皮膚是不斷的在新陳代謝中，毛髮也不斷的在生長又脫落，指甲經由適當的修剪是不會有任何感覺的，亦即頭髮與指甲跟我們的關係是好像屬於我們，卻又好像不屬於我們；所以指甲的金剛鍊光觀修，是我們自身修習從心到境的成就當中，一個很重要的聯結點，透過這樣的觀修練習，會讓我們的心比較不會去攀緣外境而自然成就，所以「流光成佛，法爾圓滿」。

大小互融相映相攝

「大小互融，現如海印」，大融於小，小融於大，「無盡摩尼珠映」，摩尼珠是帝釋天王的寶物，又稱為帝釋珠、如意珠。如意珠網，就是由隨色摩尼珠所串織而成的寶網，《華嚴經》裡有一首偈子即是以帝釋珠來比喻我們的自心：「能禮所禮性空寂，感應道交難思議，我此道場如帝珠，一切如來影現中。」

「能禮」、「所禮」二者都是空的，體性空寂，這是感應生起的基本條件，而究竟感應基本條件是「能禮所禮性空寂」，心寂滅，法界空；法界空，心寂滅，所以空寂也可以說是心境一如；因此，感應不是二，而是一，一般人講的感應是二，比如「菩薩來跟我感應」，這種感應是分成二部分。但真正的感應是一體的，佛教的感應是一體，而這一又不是一，所以名為一體，又名一如。

世間許多宗教都是追求「一」的，佛法從來不追求「一」，佛法的「一」只是一種方便，因為沒有透過「一」的話，你沒辦法把「一」丟棄。因為我心執取的對象太多，那些東西會把我們心的專注力分散掉，所以先用

「一」的方便把心統一起來，也把物統一起來，再把心、物統一起來，最後三輪再全部丟開，入於一如，連「一」也要捨棄。

所以感應不是「二」，世間的感應是「二」，出世間的感應是一如——是「一」，但是不二，「一」是空，是名「感應道交難思議」，此「道」是空寂，空寂是超越一切對待，以水注水，以空入空，是同質的，連同質的質都要抽掉，乃能「感應道交難思議」。

「我此道場如帝珠」，「帝珠」是指隨色摩尼珠，是隨每一個人的心念不同而顯色不同，帝釋珠網就像我們每一個人的心，珠網相映乃是無窮的相應，每一個人的心是空，所以能照映別人而有用，所以空是具力的。

精進的因果觀

佛法講苦、無常、無我，但不是講無奈，不是要我們遇到任何事情只能逆來順受，這並不是佛法，佛法永遠是要我們超越命運的，佛法永不認命，所以佛法是反宿命，而強調精進的。

我以前講因果三階：即因果的三個論點，第一階是一個修行人永遠要堅信因果，這不是為了堅信因果，而是因果就是一個事實。很多修行人的知見出了很大問題，他認為別人都要接受因果、隨順因果，但他自己卻超越因果。像現在有些人因為修行之後，就產生了一些感應能力，也就是有了一些福德，卻誤以為自己可以不受因果限制，而隨意造業。

這就像世間人在銀行有一些存款，手頭比較鬆了，並且也有些貸款能力，就開始到處揮霍，甚至掏空公司，因為他認為自己可以超越因果，錢永遠用不完的，不久之後就負債累累，一下子就倒了。崛起很快，掉落也快，倏起倏滅。

有的修行者也是如此，當開始有一些感應，就以為自己具足大福德，能不受因果的限制。尤其是又開始擁有眾多信徒時，代表人頭越多，借錢的機會越多，但到時候一大群人就消費過度，全部變成卡奴。

所以，如果以刷卡來比喻修行，就是說大家不要因為隨便得了一點好處，就把信用卡隨意借給別人刷，因為每一個人的因果都是事實，沒有一個人能夠代替你，自業自受的事情是從來不會改變的。

有人會問：因果不會改變的話，那我們請仁波切修法除障有沒有用？有時候有用，有時候沒用。怎麼說呢？這就好像我們考試，如果你原本是五十八分，修法之後加了一分，成為五十九分，但還是不及格，仍然要被當掉，但如果你原本是五十九分，現在多了一分成為六十分，那就過關了。

再來，修法有用有時是暫時貸款而來，就是把因緣稍為改動一下，就像負債時去跟銀行談判，延後繳款期限，然後努力工作賺錢還債一樣。但有很多人卻誤以為：修法之後就沒事了，因為已經超越因果了，然而實情卻非如此。

因此，如果有人告訴你：「唉呀！你的業障我已經幫你清掉了！」這句話就如同說有人能替你成佛一樣的虛妄。世間的事情都很難替代了，何況是出世間的事呢？

釋迦牟尼佛如果能替我們修行成佛的話，那我們大家不都早就成佛了，怎麼現在還在輪迴呢？所以，我告訴大家一句老實話：別人修行而自己成佛的事，這種事想都別想了，天底下不會有這種便宜的事情。不然的話，我們現在怎麼還是在受苦呢？

世間的負債也許可以周轉，或請人保證延期償付一下，但最後還是一定要清償的。出世間的因果更是自作自受，無可取代的，因此，如果有這樣的說法：你會開悟是由於我的加持。那豈不表示這樣的開悟也可以由加持者收回去嗎？這是無有是處的。

所以修行人求解脫必須常念因果，因為如果沒有因果的話，自己修行別人成佛，他作惡他成佛。這是不可能的。

堅信因果的人，終會看清因果，然後就能具足因果的第二階：接受事實。

因果第三階是：永不認命。修行人就是不認命才修行，認命的話，何必修行呢？事實上，只有因緣沒有命運的。常有人對我說：「老師，我善根這麼不好，能不能修行？」我說：「像你這麼有神通的人，都了解自己的善根不好，那我也沒話講了。」各位，大家不要講東講西，其實我們哪有那麼深遠的神通，知道自己善根不好呢？

其實，大家的善根跟佛一樣好，經典中說：「在佛不增，眾生不減。」如果再抬出「業障深重」等等來當藉口，那我們可以和央掘魔羅尊者比比看。我請問大家：你殺過幾個人？央掘魔羅曾經殺了九十九個人，最後連自己的老母親都要殺來湊數，像他這樣的人都可以開悟證阿羅漢了，大家的惡業算什麼藉口呢？大家的業障跟央掘魔羅比起來，只能算是微不足道罷。

也有人說：「我太笨了，不能成佛。」這種人也是想太多了，這書上的字，至少大家都認識，不像周利槃陀伽尊者，當時佛陀教他，他連兩句偈都記不起來，但最後他用心掃地，也是由此悟道了。

又有人說：「我的福報不夠！」各位，福報不夠正好修行，福報太大的人，反而要小心，否則整天享樂，也忘記了要修行解脫，等福報用盡，就落入三惡道受苦。

所以，各位，大家不要東扯西址找一堆理由，解脫才是最重要的，大家現在看起來都有成佛的希望，只是「人人有希望，個個沒把握」，我對大家是很有信心的。大家不能認命，佛教徒應該是生命的戰士，征服自心的戰士，生活也許會有一些困頓，但只要還有一口呼吸在，就有覺悟的機會。

大家知道打禪的時候，什麼狀況下最容易開悟？就是身心都完全沒力氣了，一切力氣都用盡了，連講自己很差的念頭都動不起來時，這時候就忽然開悟了。所以，講自己很差或業障很重的力量，正好是拿來讓自己開悟的力量，切莫錯用了。

世間的事情，能解決就解決，能做得圓滿，就儘量圓滿，真的不能解決，或解決不下去了，那就隨它去吧！但隨它去是「它」去而「我」不去，我是自在的，我是解脫的。

大家能不能有這種霸氣，生命中能不能有這份自在的豪情？所以，空是有力的，它能解決煩惱，悲心也是有力的，所以是「大智、大力、大慈悲」，佛法不是用來讓我們增加生活光彩，是讓我們增加生命力量的。

當我們把自心的矛盾處理掉，自心跟世間的矛盾處理掉，心中沒有任何對立跟滯礙了，從心到境的隔閡都徹底消融了，此時，「大小互融現如海印，無盡摩尼珠映」，每一個人都是佛，平等、自在、互映。

一切眾生都是圓滿的佛陀

「會成華藏世界大海」，華藏世界是一大法界，無盡緣起，一切眾生都是如來，整個大圓滿的教法就是建立在這「一切眾生盡是佛」的事實上面。

如何看每個人都是佛呢？我們可以從家裡的父母家人開始觀想起，慢慢擴及一切人。如果清明節時要祭拜祖先，請大家把自己的祖先觀想成佛，這是對祖先最好的敬意、供養和感恩，而對你本身的意義來講，就是代表你是佛了。

這是個二分的世界，二分的特質就是：對你有利，對我就不利，好與不好雙邊；覺悟的世界則超越這個，沒有「有」與「無」的對立，善與惡的對立，也沒有什麼好與不好，而是絕對的平等。

像我存在這邊，而事實上我不一定存在這邊，或許大家也會發覺到，對某些世間的因緣我會有期待，但這種期待對我來講，卻又那麼虛幻，那麼不重要。

我們修行，一定要很清楚的鬮除自己心裡每一個障礙的念頭，不要只是汲汲於外在的方法，假若我們心裡有任何不清淨的障礙，我們的方法本身便會受到扭曲，不究竟，其實自我的執著便是我們的障礙。

當我們把心裡的執著都放空、清除掉了，這時像我們觀修指甲的金剛鍊光便會顯得特別亮，整個世界也跟著清楚而亮起來，你跟世界其實是沒有衝突的。心是直接的，所相應的外境是虛妄的，用真正的覺性去面對法界，「會成華藏世界大海」，一切眾生都在成佛。

「一切盡佛身，盡佛息，盡佛心，盡佛淨土，盡佛六大，盡佛界，盡金剛界，盡如來界，盡法爾界，盡法性界，盡大圓滿界，盡全佛界，盡一切吉祥勝利」，一切眾生，一切山河大地都是佛身。這一段總共有十三個「盡」，當我們連續唸完這十三個「盡」時，心裡會頓覺通暢，因為這可以清除我們中脈裡頭的障礙，清除我們心、氣、脈、身跟外境之間的障礙，讓我們可以親切的摸到每一個佛的細胞、每一個金剛鍊光、每一點，每一個方位都是自他不隔，一切是平等的，一切是通達的。

當我們修到這個境界時，怎麼可能會生起：「我是佛，大家應該來禮拜我」的念頭？真正修行的人，看到眾生都是平平等等，如如是佛，究竟清淨不可得也；不可得也，所以「是故頂禮諸佛也，是名法界全體諸佛現成」。

這些文字已經把我一生修行的思想、見地、證量都告訴大家了，無論是在古代中國、西藏、印度、日本或韓國，在關於中脈修持的方法上，這篇偈頌應該都具有極大的參考價值。

聽說新羅的元曉禪師，他的《金剛三昧經論》是在轎子上寫成的，而我這篇則是一覺醒過來之後寫的，從自性中顯現、流出。

這篇文字，當然是要供養釋迦牟尼佛，要供養文殊菩薩，要供養一切祖師菩薩，當然更要供養十方一切諸佛。

惟一明點即中脈

「惟一中脈，明點顯現」，從五大收回來，惟一中脈，明點才能顯現，所以「中脈即明點，明點即中脈」。

「中脈即惟一明點，明點即惟一中脈」，這是證量的話，也可以說：

「惟一中脈即明點，惟一明點即中脈」。

「一一流轉，無礙自在」，一一自在流轉，無礙自在。「大慈空樂，具足圓滿」，大慈大悲，空樂具足，故名圓滿。「是全佛金剛善妙具足，以法爾體性自在流出」，寫這篇文字的因緣是以全佛金剛的立場寫的，因為它蘊含二個內義，一是「全佛」，一是「金剛」。

空海大師有一個密號叫「遍照金剛」，有時候我也會用「遍照金剛」這個名字，在不同的因緣裡我會用不同的名字，比如宏智正覺禪師有一篇很有名的著作叫〈默照銘〉，我也寫了一篇〈默照銘〉，但此時我用的名字為「默照緣音」。由於這篇文字是由「法爾體性自在流出」，所以寫這篇時已經跟寫的人沒關係了，是不是「全佛金剛」這個人寫的也沒關係了。

「是諸佛惟一密義，一切如來金剛最祕密藏，以諸佛大慈本願故，明顯流出，亦名中脈實相義爾，隨順如來覺性，眾生無二成佛也，一切無上菩提圓成，嗡！圓滿」，「嗡！圓滿」即是一般咒語中常見的「嗡，娑哈（om svāhā）」。

有些人堅持真言或觀想佛菩薩的種子字一定要寫藏文才有用。其實，不管是寫中文、藏文或梵文都有效，因為如果藏文才有效的話，那應該原文的梵文才真正有效，但若原來的梵文才有效，那麼到底是哪一種梵文字體有效？是天城體有效，蘭札體有效，還是悉曇體有效？

真言或種子字的外相展現的是形、音、義，但背後真正傳達的是心，心有二個，一是誠，二是真；一般人具足的是誠（誠心），證到了真，就沒有誠的問題，體悟實相的人，他所講的每一句話都是真言，都有作用，因為悟入文字之實相。

中國也有人創造真言，比如普庵禪師創造了「普庵咒」，是普庵禪師在深刻的禪定當中，跟眾生相應而出生的咒音。

我對真言咒音的體會，和一九八三年在深山閉關時的經驗有關。當時我發現真言是中脈的聲音，中脈是空，心發起時，氣會在中脈每個地方發出無量音，比如「嗡、阿、吽」每一個字都有無量音，以「阿」字來說，在每一個脈輪裡面的阿字都有無量音，在每一個地方，每一個點都可以發出無量音。心是智慧，具足發心，從心啟動，出生咒音，救度眾生，真言咒音緣起如是。

「一一流轉，無礙自在，大慈空樂，具足圓滿，是全佛金剛善妙具足，以法爾體性自在流出」，〈甚深中脈義〉是在無分別心中所自然寫下的。

佛教的修行者，能夠像密勒日巴祖師那樣自在的人很少，因為他沒有希求，他自在了，而能像佛陀那麼圓滿的人則沒有。

佛陀弘法時，若有人要供養他，他不見得會接受，依佛陀的標準，現在很多的寺廟建成了要供養他，他會拒絕，為什麼？因為供養的人本來應該只是單純供養，但是如果有的大施主供養了還想掌控的話，那樣佛陀是不會接受的，因為法是最重要的。

但是現在社會上的現象就不同了，很多修行者早期都是一心精勤修行，但等到修出一點名氣時，就開始蓋廟，把蓋廟當成自己的理想。但這些理想跟修行之間，仔細想想看，好像也沒什麼密切的關係。

現在的廟宇實在太多了，不需要花費太多資源在上面，而且很多廟也不必蓋那麼大。在西藏，有很多的仁波切和法王因為廟太大了，為了要負擔他們的傳承，所以需要負責很多弘法的資糧，實在太辛苦了！

我一直在推動一個理念，就是弘法的資糧能夠自給自足，這樣在傳法的時候，就不必去費心去經營世間的人脈，只要和大家以法交心。如果就一般世間的眼光來看，我的想法是很奇怪的。像有的學生就覺得，他發心了以後，我對他好像更嚴厲了。各位，如果你是真的發心而我不對你嚴厲的話，那才是真的對不起你了。這使我想起我的母親，她是一位很有智慧的老人家，她有些作法很像古代的禪師。

古代禪師的待客作風是依對象的不同而有不同的應對，最有名的就是「坐、請坐、請上坐；茶、泡茶、泡好茶」的故事，古代的禪師都這麼勢利嗎？是的。最上等根器，最發心的大施主來見他，禪師就一句話二個字：「茶！坐！」，「有什麼事嗎？」，「沒有！」，「好，回去！」，甚至不必起身，三言兩語就把大施主打發了，連動都懶得動一下。

但是遇到一般世間比較有權勢的人來了，比如大官來了，禪師就坐起身來跟他言談。碰到小吏來了，禪師就趕快跳起身來，整肅儀容，正衣冠，正正式式，恭恭敬敬的陪坐喝茶。

為什麼這麼勢利？因為大人物不會找你麻煩，得罪了小吏小民你就吃不完兜著走，怎麼死的都不知道，連法都不用弘了。我的母親也是同樣的作風，如果她覺得可以造就的人，她就嚴厲的教導，但當她開始當面稱讚人的時候，大概就表示那人只能客客氣氣對待，不堪教誨。她常講一句台語，意味深遠：「寧願和賢者相罵，不願跟愚癡者講話。」這也和禪師的風格很像。

各位，生命要耐得住真實的碰撞，要仔細檢查自己的心，看自己是要讓佛直接從自心裡迸出來呢？還是要先讓你準備好，才讓佛慢慢的進入你的心，你的心準備好了嗎？

我寫了很多不同類型的書，有些內容是直指人心，是禪師的：「茶、坐。」直接進入你的心，不跟你扯東扯西了。但是，大部份的人都認為我的書都太深了。最近有一家出版社想出我的書，我就把最淺的一本書給他看，他認為還要再淺一點，最少要稀釋十倍。

他們說，因為我每一本書都把要講的東西講的很完整扼要，但這在經營的策略上是不對的，他們認為應該每次都只講一點點。

但是我要告訴各位，這樣的作法是世間的事，不是出世間的事，解脫的事能說：「我這輩子解脫一點點，下輩子再解脫一點點嗎？」不行的。下輩子大家就全忘光了。我是要讓大家這輩子就能夠解脫，而不是在讓大家現在感覺法很好而已。

現在在法的弘揚上有一個很大的問題，就是最究竟、最濃縮，希望大家全部承擔的法，很多人不是沒有感覺，就是感覺很容易拿到而輕忽。我在美國主持禪七的時候，住持師父看到我主七的身心投入，就告訴我：「洪老師，像你這樣子主持禪七，身體大概五年就受不了了！」

其實，他們並不知道我一輩子以來都是這樣做事的，也不知道除了打禪七以外，我還有很多事情都是這樣全力以赴的。所以他們就建議我以後的打禪都錄影起來，燒成ＤＶＤ，開示或小參就看ＤＶＤ就好，並且把本來七天成證的打禪意義，打散切割成十分之一或百分之一，變成類似分解動作一樣。這已經是另一種禪修方式，而不是禪七了。這樣打禪怎能打成一片，開悟成證呢？本來一天要作的事情，現在拆解成十天或更久，除了製造社會風潮或膚淺的感受以外，開悟證果的事已經被放到一邊去了。

現在有很多人就是這樣操作的，禪修變成是一種美好的生活感受，和解脫證悟已經無關了。這就讓我想起麥當勞速食跟法國餐廳的區別問題，有些人也許只是須要麥當勞餐，你給他高級的法國餐，他並不喜歡。要了解，其實修行不是要追求美好的感受而已，最重要的，是如何拿生命相會！得到解脫！

各位，人生苦短，一下就過去了，這輩子沒有解脫，下輩子絕對不會更有把握。如果只是想要種些善根，那慢慢種吧。如果願意的人，就好好的走這一輩子，作能夠當生解脫的事情。當生解脫了，也可以發願下輩子再來，幫助大家解脫。

我在人間的價值，希望大家圓滿解脫，沒有其它的事情了，這是我應該做的。其他事情許多人都可以做，世間的事情很多人可以做，很多書很多人可以寫，很多法很多人可以傳。我希望為眾生留下解脫的法要。

像陳健民上師這麼偉大的修行者，他走了。有時候想到他，心裡便有很深的感觸，講到他的法，我就感覺到我這輩子作對一件事情，像《密乘法海》的出版，以及陳上師的著作結集《曲肱齋全集》的出版，許多的法本，我都把它們整理出版而留下來了。這也是我這輩子所做的重要事情之一，假如當初沒有把這些法留下來，受到損害的是誰？是學法無門的眾生！

像陳上師這麼一個偉大的成就者，卻是法緣甚差。有人說他的個性比較特別，不是很好相處。但是請問大家，他弘法的因緣這樣子，是他的損失，還是眾生的損失？

現今在這個世界上法緣很好的人擁有很多信徒，但是他們所傳的法，並沒辦法使人得到解脫。

一位偉大的成就者、解脫者，他的法如果沒有辦法弘揚，應該是要歸責於他沒有好好弘揚佛法，還是眾生福德因緣不夠，不能珍惜正法？這個事情恐怕大家要好好想一想，因為很多事情，或者說很多歷史上的公案會在你們面前發生，希望大家能夠聽我嘮叨，多聽我講一些不好聽的話，一些修行的話，多跟我作一些深刻修證的事情，因為我的生命也慢慢在消失當中了，大家有緣在一起，就多談一些解脫的事情吧！

解脫，是大家有心，用心，能知法，了法，當下就是了。解脫在古代是什麼狀況？佛陀的弟子開悟了，就走了，師徒就不必再見面了，可能會再相見，但基本上是不需要再見面了。

這篇〈甚深中脈義〉，大家有空就每天唸一遍，有一天，你們會在裡面見到我的。所以，「是全佛金剛善妙具足，以法爾體性自在流出，是諸佛惟一密義，一切如來金剛最祕密藏。」因此，這篇是甚深的伏藏，是從如來心中，透過我所浮顯出來的伏藏。

「以諸佛大慈本願故，明顯流出，亦名中脈實相義爾，隨順如來覺性，眾生無二成佛也」，從這篇裡深入體悟，體悟到最後會發現眾生無二成佛而圓滿，故曰：「一切無上菩提圓成」，嗡，娑哈！

這篇是公元二〇〇一年（庚辰年）寫的，為什麼說是諸佛歡喜日寫的，因為我看每天佛都很歡喜，所以是諸佛歡喜日寫的。

「以圓頓密意心血，法界摩尼流明，金剛空鍊妙光，寫於法爾虛空中；

是諸佛血脈，見者自取，得證無上菩提，法界有情，咸證佛果」，是在這個因緣上面，所以我落款為「全佛金剛」。

第二篇

關於中脈呼吸的修法

第一章 中脈呼吸法

心輪置臍輪
臍輪置海底輪
海底輪置於空
空置於法界體性（不可得也，無生無滅也）
以空息、法界智息
隨於中脈呼吸
入法界光明自在
睡矣！

二〇〇二、三、三十一

非於夢睡如是
行住坐臥亦如是也

二〇〇二、三、三十一

隨時安住在中脈呼吸
是對眾生極大的利益
在中脈中呼吸無上的正覺智慧氣息
則是對眾生的最大利益

二〇〇二、四、九

如何是中脈之息也？

《法華經》言：「佛種從緣起，是故說一乘；是法住法位，世間相常住。」

此一乘妙位，乃佛種緣起也。是故諸佛印證不無，染污不得；如來體性常具，識其真者，眾生悉皆如來，實不可得準準妙位，一相不異，是萬善同歸一性，住一乘法位實不可得也，於是乃知法住法位，一實之理，世間常現一切如來常住爾。於此一乘實爾，乃極平常，全佛法界爾。故於此實相中，別示方便，自體妙作，安於法界息也。

何謂法界息也？身常安然，自住大鬆之相，體常正哉，圓一佛身爾。於此中脈以顯，心、氣、脈、身、境，以法住法位矣！斯乃佛位之位，身心如如自在，息入中脈矣；是言：「中脈呼吸，是對眾生極大利益；在中脈中呼吸無上的正覺智慧氣息，則是對眾生的最大利益。」

是中脈息也，心、氣、脈、身、境一如法位，法住法、報、化、功德、事業佛身，世間相顯毘盧遮那如來，實身釋迦矣，法界眾生皆佛也，以自身息住法位，世間眾生常住佛身爾，是最勝無比，同體大慈大悲利益。一一中脈息身，一一法界中心，法住位也，一一眾生同顯大光藏也。有此會心，特此明之，願眾生皆佛也。

二〇〇二、四、九　緣音

行住坐臥住中脈　醒睡一如中脈中
無上正覺大智息　眾生如實得大利

緣音以此偈演述如實安住中脈及二六時中不離中脈智息之理，眾生於住中脈行者能得廣大利益，自當知爾！

二〇〇二、四、十二

利用睡夢開啟中脈

接下來我們講授「中脈呼吸法」。

中脈呼吸法的最原始緣起，是來自於我在睡覺時所體悟到的，所以第一句「睡時，中脈開」，這句話有很多層意思。

以前我曾到印度達拉頓，有一個機緣與睡覺法王會面，當時他曾經提及夢幻光明的修法，曾說：「白天也是一樣。」睡覺法王確實是一位成就者，有其獨特的證量。

夢幻光明的修持，基本上睡覺以及白天兩者都是一如的。「睡時，中脈開」蘊含著一個意義是，在睡時中脈是很容易開啟的。

睡是大癡相，癡相現起時，分別心是近於止息的狀況，但同樣也會使智慧心沒有辦法生起，睡是無記、昏沉的心識，但若此時能令一念覺心生起，就是開啟中脈的契機，此即夢幻瑜伽修持的根本心要。我們睡眠時是分別心的念頭止息了，但同時覺心也止息了，覺心雖然止息但不滅，亦即分別心止息，但無分別心不滅，若睡時能保持一念既不落入分別，亦不落入昏沉，此覺心一念即是夢幻光明最根要之訣。

各位，人死是怎麼死的？

死亡的過程，分成「暖」、「識」、「壽」三個階段，「暖」是生理機能，「識」是心理機能，此二者遠離之後，我們的「壽」命就止息了。識是心理機能跟心的根本，就無色界眾生而言，其只有純粹的意識而已，但對人而言，如果有中陰的話，就不只是純粹的意識而已。人死亡時，剛開始會進入「死有」的階段，這就猶如人在入睡之時，並不是馬上就有夢出現，而是先處於一種無夢的狀況，而死有狀況很類似深層植物人的狀況，所以我常告訴大家，當有一天，你們能自覺，即使是成了植物人，都不妨礙你們解脫的時候，我就可以安心了。

世間的親人子女都要照顧，但只有你解脫了，你才能真正好好照顧你的親人。生命是很奇特的，就像無量無數的分子，有緣則結合在一起，變成夫妻、親人，但當每個分子的力量又持續轉動時，原本結合的分子又分開了，為什麼分開？因為它們沒有辦法自覺！它們沒辦法自覺，所以就分開了，它們沒辦法自覺，所以又在一起了，這就是被因緣所控制！

一個修行人是不被因緣所控制的，但不是不隨順因緣，而是「不昧因緣」。因為在時間運作裡面，就是有因有緣，所以會在一起是源自於不自覺，分開也是來自於不自覺，所以只有透過自覺才能幫助親人，幫助這個世間。只有把不自覺的因素拿掉，才能綜觀因緣，這才是我們要活的人生，不是有情，也不是無情，而是自覺自在。

人死時的死有，就好像在孵蛋，孵成另外一種型。事實上，我們人可以說每天都死一次——睡夢的狀態，和死有的過程是十分類似的。死有之後是「中有」，中有是有活動力的，但是，是不決定性的活動力。

從睡夢中生起覺性

睡時分別心止息，但覺性不滅，這時如何「覺心生起中脈開」呢？大家是可以用我所錄製的「睡夢禪法」、「放鬆禪法」作導引。

這兩種禪法怎麼作臨終導引？原理是這樣的，首先是地、水、火、風、空五大分解，然後是意識分解，接著是過去心、現在心、未來心，三心俱不可得，一切自生自顯，覺性不滅，全部是一，再把一放下！

這是依睡夢禪法及放鬆禪法作臨終導引的過程原理。睡夢禪法或放鬆禪法應該多讓一些人接觸，因為這兩種禪法對於沒有宗教信仰的人或另外信仰的人是很好的臨終導引，因為它可以讓我們分別心止息，覺心生起。

「睡時，中脈開」的覺心一念如何生起呢？睡覺時，身體全部放鬆、放下，心也放鬆、放下，連放鬆、放下的心也放鬆、放下，此時覺心自然生起。各位，鏡子是永遠不會失去映照功能的，心也永遠不必怕會失去覺照功能。

心的覺照功能有二種方法可以顯露，一種是平常不斷的訓練，把所有的分別心念放下，而不落入無記、分別，亦即「惺惺寂寂，寂寂惺惺」，或者如永嘉大師所說：「恰恰用心時，恰恰無心用，無心恰恰用，常用恰恰無」。

所以「睡時，中脈開」的睡要如何睡？這裡的睡是大休息——身心休息，法性休息，法界休息，一切休息；當一切大休息，一切大止息時，整個分別心泯沒，覺心惺惺，中脈、輪脈就開啟了。

睡夢時的中脈呼吸方法

所以，中脈是空脈，睡到空時，中脈就打開了，此時「頂輪置眉心輪，眉心輪置喉輪，喉輪置心輪，心輪置臍輪，臍輪置海底輪，海底輪置於空」，「海底輪置於空」，大家可以想像，一個裝滿水的透明水袋，當它置於杯口時，它會自然掉下去，所以「海底輪置於空」的意思就是，在那個地方就放下了，一剎那就放下了，放鬆，放下，放空了。

大家現在就馬上可以練習，把自己的右眼放鬆、放下、放空，此時跟左眼有沒有不一樣了？

就在那裡，放鬆、放下、空掉了，沒有執著分別，但體性還在，體性會清楚、明白的作用！所以「海底輪置於空，空置於法界體性」，法界體性是什麼？「不可得也，無生無滅也」，一切分別心止息，但作用現成。

「以空息、法界智息，隨於中脈呼吸，入法界光明自在」，呼出去是空性，吸進來也是空性，空就是無生、無滅，無生無滅不可得，就是如如智，法界智息就是如如智息的呼吸。

「睡矣！」中脈開，安住在法界智息，如是循環而自加持、自增上。

「非於夢睡如是，行住坐臥亦如是也」，不只在睡覺時可以練習中脈呼吸，在日常行、住、坐、臥之間，也可以如此，或是加入一些方法，譬如之前教過的觀想吸入太陽的中脈呼吸，或是腳趾甲觀種子字的金剛鍊光呼吸等等，都是可以的。

隨時利益眾生的中脈呼吸

「隨時安住在中脈呼吸，是對眾生極大的利益，在中脈中呼吸無上的正覺智慧氣息，則是對眾生的最大利益」，在分別心中的呼吸，會使我們跟眾生之間產生對立跟切割，是具破壞性的。如果我們不能安住在空性之中，無法安住在中脈，如此我們的呼吸便會扭曲、不順，進而影響心念，進而擴大影響週遭人的情緒跟心的安定。

很多人都有這種經驗，就是當我們到某一個地方，我們會感覺那個地方的氣氛是平和或肅殺。

我個人經驗裡，第一次最明顯感覺殺氣是中美斷交那一年，幾萬人的抗議集會場合，剎那間寂靜了，夜色更墨黑了，然後突然間一個聲音迸出來：「打！打！打！……」，現場籠罩著殺氣。

所以，我們的分別心會透過情緒以各種形式散發出來，若能隨時隨地安住在空性中脈之中，身心是最平和的，所散發的氣息也是覺性澄明的，會對眾生產生極大的利益。

因此，長期修學中脈呼吸，對自己的家人有最直接的好處，進而公司的同事、朋友也得到好處，在群眾當中，大家都在high的時候，你能維持寧靜安穩。

許多宗教的狂熱往往會產生集體催眠的效果，如果能讓心氣安住在空性當中的話，就不易受到感染。現在有許多的氣功師，他們掌握了運氣的技巧，宣稱可發功而影響千百人。很多人趨之若鶩，但是要提醒大家，如果很容易受影響，將來就很容易受到氣動的暗示跟干擾。

一般所說的「附身」現象，如果中脈呼吸練得好的人，是不會被附身的。因為外靈要附在人的身上，必須先截斷你的身脈，它才能控制你的身體，如果大家能把妙定功或中脈呼吸法練好，當外靈想要附上你的身時，是無法靠近你的，因為你的中脈會放出熾烈的光明，外靈是無法近身的。

很多人不知道這些附靈都是低階的神祇，對被附身者只有百害而無一利。其實，如果自身的意志夠堅定，外靈是無法附身的。大部份被附身的情況，都是自己招來的，有時是驕慢心生起，有時是因為自己喜歡這種感覺，因為有時外靈附身時會有舒服的感覺，所以就附上了。

有一次我在主持禪七時，有一位女士平時坐禪就會有被附身的現象，她來禪七打坐時，又發生了這種現象。其實，本來這些外靈是無法進入禪七道場的，無緣無故進來鬧場的鬼神是會被護法擋住的，但是如果是學員自己帶進來的，護法就不會動手阻攔。

當她在禪七時產生這種被附身的現象時，我教她以中脈呼吸，結果那附身的外靈嚇壞了，大聲喊叫著：「你不可以離開我！不可以離開我！」這是因為她一使用中脈呼吸的方法時，中脈就會放出極大的光明，外靈無所藏身。

所以，只要保持中脈呼吸，就不會被附靈了。外靈附身時，首先要截斷你的身脈，再慢慢掌握你的身體，但是要掌控你的語言系統是很不容易的，因為這牽涉到很微細的神經系統，所以他們無法讓附身者講出字正腔圓的語言，就用唱歌的方式來表達。因為唱的比說的好聽，也就是唱的比講的容易。

這些鬼神所唱的腔調，大部分是當地的歌謠，比如台灣的附靈大部分是唱歌仔戲的哭調仔，而大陸的附靈則多唱京戲，每個地方的鬼神的唱法都依當地的戲曲腔調而不同。因為人們酬謝鬼神時，大多演野台戲來謝神，所以他們附身時，也多用這種方式表達。

其實很多鬼神本身是自救都難了，卻有很多人求他們保佑，這是很愚癡的。有的人雖然不信本土的鬼神，不相信本土的濟公、三太子所講的話，卻是相信外國濟公講的話。

其實和本土的鬼神比起來，他們沒有更高明之處，但是許多作靈修的人都喜歡看這類書，以為那裡面有什麼不得了的。其實，修行最重要的是要看自己的覺性。

所以，最重要的是什麼？自覺自心作起，從自己作起，能安住在中脈呼吸，這是對眾生最大的利益，在「中脈中呼吸無上的正覺智慧氣，則是對眾生的最大利益」，你如果是佛，隨時隨地在你旁邊的人，自然能夠安心，自然能夠入定，自然能夠成佛！

讓心停下來

現代人的特色，就是忙，忙，忙。不但一般人忙工作，學佛的人也忙，除了忙工作，還要忙著行善，忙著修法。

現在，我們先讓自己不忙一下，把身體放下，把呼吸放下，把心念也放下，把整個山河大地放下，把一切事情都放下，能放下的也放下。把時間也放下，把空間也放下，把自我都放下，這時候剩下什麼呢？

這時候誰在呼吸？誰在看？誰在聽？誰在忙？

大家不要一忙，人生就這樣過了，就走啦，忙一下一百歲到了就走啦。在活著的時候，總要有一刻，一個剎那，真正的不忙。很多人忙，是忙著作事，忙著心情好，或忙著心情不好，忙著找樂子，忙著作這，忙著作那，忙著為家庭，忙著為事業，你們能有一剎那不忙嗎？

如果這一剎那你不能停下來，把自己與他人放下，你不能放下，把能放下的也放下，你如何見本來面目？怎麼談中脈？怎麼談見本性見明體？很多人就是忙，忙著作事，忙著作好事，甚至忙著修法。修法幹什麼？修法是讓你滅除妄念，先讓你有個東西靠著，到最後，妄念沒有了，連修法的心也放下了，這時才能見到本心。

各位，大家不要那麼忙！這不是叫你不要工作，工作多一點沒有關係，但是心要清清楚楚、明明白白的，連那清楚明白的都要放下，不這樣你見不到本性。什麼叫見性？什麼叫明心？所有分別心放下，心就明了。心明了，沒有任何分別心的時候，心能自在作用，這就是見性了。

見性的一定是沒有一個見性的，否則，有一個見性的話，性也不真，見也不真，能見的也不真。能見、所見沒有泯滅的話，怎會有見性之事？心有分別，怎會有明心之事？

所以，從此之後，好好的工作，作事的時候就只是作事，但作事不礙明心，作事不礙性的自在作用；能見性才能用這個性，自在出作，自在妙用。很多人是把外面的事情都停止了，把自己關在家裡或關在山上，卻是心裡忙！若要有個不忙的，就是把忙與不忙的全部放下，那個，即是了。

如果大家能稍微不忙，我才能跟大家談呼吸，你完全不忙了，心，就放下了，放下，它就能通了。通透到哪裡？通透到法界底，法界底就是實相，你不放下，就沒有實相，你不放下，心就有分別，有分別就沒有實相，所以全部放下，心明了，實相現起，見了實相，就是見性。

這時候，脈也通了——名為中脈，氣也通了——名為中脈息。

大家不要只是忙著修法，忙著搖鈴打鼓，只在外面作功夫，都是在第二念作功夫，中脈是第一念的事情，是當下！遠離時間跟空間是當下這一念的事情，不是在第二念、第三念、第四念……，忙著修法，忙著瞎攪和。全部放下之後，心開了，作事已不礙本心，這時我們談中脈呼吸，呼吸才能自在轉動。

前面我們講中脈呼吸法，現在我們進一步了解什麼是中脈呼吸，亦即如何是中脈之息也？很多人對法並不了解，法是有「理」有「事」，理就顯教而言，是文字裡面的真實理趣，真實的道理，事則是用文字相來顯現；在密法中有個方便，即除了文字上的顯相之外，另外再用圖像來顯，但是要記得一點，理若不是，相亦無用。

舉一個例子，假設一個非洲古代的人類祖先名叫夏娃，她如果到了現代這個世界，她看到一輛汽車，或看到一棟摩天大樓，她能知道這些物像是什麼東西嗎？她並不知道這些物像的道理，不知道這些現象是何意義。

解開心的執著

密法中的許多圖像是輔助教學，這些圖像必須符合其內蘊的理趣，否則你看了這些圖像只會產生錯覺，而不能與其內在理趣相應。

但是很多人往往只學外相而不學義理，這是不具法的。密法的相是有道理的，必須從理趣上來成就的。所以，像大家觀修中脈，修中脈時，「相」上是如此或這般的修，但裡面的「理」是空性的。否則的話，通路只是通路，有什麼用呢？如果不悟空理，或是打不通中脈，或是即便打通了，而不了解內在的義理，裡面沒有東西，就像是修建了一條鋪好柏油的大馬路，但是只有人走在上面，而不知汽車亦可行駛於上。因此，修行首先在理趣上一定要通達。

我之所以不斷跟大家講空性的道理，就是因為這個道理很幽微，極細微，修行到最後一定會碰觸到這點，否則生死的問題無法解決。

空性的理趣為何這麼重要？因為我們講的是中脈呼吸，一般人中脈之所以不通，是因為有障礙。障礙有二種，一種是理障，一種是事障，理一定要先通達，事上才能生起作用。理障是屬於思想、思路上的障礙，也就是想不通。想若不通，脈就不通。很多人是很努力在修行的，但在修行上的見地、想法卻是蹇塞不通的。

比如很多道家的修法其實是更為直截的修鍊肉身，他們有很多很好的養生方法，修行資源也具足不缺，很多人依道家的方法修持，都可以達到長生不老的成就，但還是無法解脫。佛經中有一個道家祖師呂洞賓和黃龍禪師的公案。

八仙之一的呂洞賓，修成長生不老之後，便雲遊四海，有一天經過黃龍山的時候，發覺此山紫雲成蓋，知道山中必有奇人，於是入山尋訪，正值黃龍禪師正在上堂說法，呂洞賓上前問道：「一粒粟中藏世界，半升鐺內煮山川，且道此意如何？」

黃龍禪師一聽，大聲呵斥：「你這守屍鬼！」

呂洞賓就很得意的炫耀：「爭奈囊中有長生不死藥！」

黃龍禪師回道：「饒經八萬劫，終是落空亡！」

呂洞賓一聽，心裡極為不服，於是揮劍一指，以飛劍斬黃龍，此時黃龍禪師以法衣蒙頭，飛劍遶了數匝之後，禪師以手指之，劍即墮地。於是呂洞賓趕緊學起柔道，擲劍一跪，請黃龍祖師恕罪並開示修行法要。相傳呂洞賓就是在黃龍禪師座下開悟的。

大家可以把這個公案當成故事聽，但要注意故事的寓意，就是：想法、見地若不通，脈就不通；心的理路有障礙，脈路就有障礙，亦即心不開悟，心脈就打不開通，也就沒有中脈！沒有對空實相的體悟，就沒有中脈。所以我從一開始到現在，不斷在跟大家「講道理」，就是要打開你們的心障。

有很多同修對我很恭敬，但常常來聽課聽一段時間之後，就不再來了，因為他們覺得我講的道理都一樣，沒有再多教一些新的技巧，就不想來了。其實，講一些技巧或新的玩意要作什麼？只不過是增添一點心的印象罷了，或者只是作一個mark在那邊，等將來你們也許有一天走到什麼路頭的時候，看到什麼mark時，就知道走對路了沒，但這些並不是究竟處，講道理才是最有用的。

講這許多道理，是在講道路、理路，是在清淨大家的心路、想路，讓你們在修中脈時能順暢痛快；而當你們心裡頭的想法、障礙慢慢打開之後，或許有一天，當你走在路上時，忽然聽到有一隻流浪狗在對你叫，你就突然開悟了。因為狗會叫，你就開悟了。

也許你們心裡會想：「這太誇張了，狗會叫，難道我不知道嗎？」

我說你確實不知道呀！因為你認為狗會叫，所以你看到狗會叫，你覺得狗會叫並不奇怪呀！因為你的印象事先已經認為狗會叫不奇怪，所以你並有真正聽過狗在叫呀，你只是聽到狗在叫，就把心裡面那條狗搬出來叫，所以眼前這隻狗在叫，你也在叫呀！所以你就認為牠叫不奇怪呀。你已經習慣性的用前塵影像來回應當前的事實，而不是看清事實。

所以，當身體放下，呼吸放下，心念放下，能放下的也放下了，山河大地，狗在叫……，一切放下，正恁麼時，「汪！」一聲了，就開悟了，這時才真正知道狗會叫。此後所看到的一切事情，不再是透過習慣的力量，塵盡光生，透脫塵勞。

一般人看事情都是透過「前塵影像」來認知的。像《楞嚴經》所謂「六塵緣影為自心相」。我們的眼睛看東西，耳朵聽聲音，都是透過前塵影像在運作，任何事情一出來，就馬上開始在心裡找答案，找到match的東西之後，就指認這個就是那個，所以常常是一開始的時候很快樂，後來就變得很痛苦。

比如昨天聞到門口一株花香，今早一開門花枯萎了，香味也沒有了，就生氣了，不是這樣嗎？

有個朋友講了一個故事，有一年他去陽明山看櫻花，剛到某個賞櫻景點正要進去之時，卻看到有個人手牽著小孩，氣沖沖地走了出來，口中不斷地咒罵著：「不用去看了，沒有了，沒有了！根本沒有什麼櫻花！」他氣沖沖地告訴正要進去的人。結果我那位朋友還是進去看了一下，發現櫻花確實沒有長得像往年一樣絢爛，但也另有一番風景，他實在不懂為什麼那位先生那麼生氣。

因為那個先前氣沖沖的人，他並不是去看真正的櫻花，而是去看停留在他腦袋裡頭，那團簇密錦繡的虛擬櫻花，所以一開始去看很快樂，看完之後就變得很痛苦。其實，痛苦是前塵影像造成的，是習慣性的虛擬所產生的，滿山璀燦嫣紅固然美不勝收，一樹翠枝也同樣清新呀！

二〇〇五年我到美國波士頓弘法，從早到晚奔波，四處應請說法，所以那邊的同修就特別安排了三天的空檔，帶我去賞楓。波士頓的楓葉是出了名的美。結果氣候不同於往年，楓葉不像以往那麼紅，安排此行的同修很不好意思地跟我說：「今年的楓葉不似往年那麼漂亮。」我說我感覺很漂亮，現在的美是另外一種美。

櫻花謝落時，花頭紫色的枝椏會露出頭來，是很美的一種微醺，我讚美說櫻花掉了好漂亮，這句話本身也夠美了吧，為什麼怕櫻花掉呢？櫻花不掉的話，那不是不美了嗎？櫻花掉了真是美呀！

所以，美是不能執取的，執取就不美了；每個人都在執取自己所要的美，卻不許美自己展現不同的手姿！什麼叫櫻花？會長的才叫櫻花吧！但會長的就會凋謝，難道會長會開的才叫漂亮，而會謝落飄零的就不漂亮？這實是在侮蔑櫻花嘛！櫻花還未凋落就已被分割成二半了。

為什麼談櫻花呢？這是告訴大家心的執取與脈的通塞問題。當你看到櫻花不似往年盛開時，就氣得大罵：「都沒有了！都沒有了！」這時你的脈就封住了；因為你的心想不通，心意執住了，脈輪就塞滯了。

我們人有太多的事情想不開，所以要通中脈，便得把事情看通，這才是澈底的解決之道。但把事情完全看開，對很多人而言，卻覺得很辛苦，為什麼？比如跟人吵架時，如果不生氣，有些人就覺得很吃虧，最好是別人罵過來一句，你也罵回去一句，或者對方罵兩句，你罵四句還多賺了兩句，如果能把對方罵倒在地，那更是爽快極了。

為什麼一般人會選擇罵來罵去？因為這是最順暢的路——最隨順本能的路，但也是最愚癡的路。就像我們在路上飆車時，油門踩下去就是了，爽快極了！生命安危先擺一邊，直衝到底，埋頭猛飆就是。一般人不都是這樣順著情欲之流而一路狂飆嗎？

但這樣的習慣卻會讓我們的氣脈，也一路的跟著塞堵鬱滯。所以，現在我們要反其道而行，不要跟著習氣走，就是大家的心要打開，心要柔軟。

心開始放鬆打開時，或許會有心脈會痛的感覺，這時我們可以把觀世音菩薩觀想在會痛的心脈位置，這樣作並不是讓觀世音菩薩幫你痛，而是觀世音菩薩在那心脈位置，你的心就轉成觀世音菩薩，觀世音菩薩會解決痛，從根本的心執著處打開而解決痛，這才叫方法，是從戰略位置解決心的障礙。

什麼是中脈呼吸

「如何是中脈之息也？」《法華經》言：「佛種從緣起，是故說一乘；是法住法位，世間相常住。」《法華經》跟中脈有什麼關係呢？當然有關係！因為《法華經》如果真的讀通了，脈不會不通！「佛種」跟「緣起」有什麼關係呢？

這有很多種解釋方式，但這裡我們首先思惟緣起跟無上菩提心的關係。首先，什麼是無上菩提心？「無上」是最究竟之意，而菩提則具足二層意涵，即悲與智；心可說是種子，但無上菩提心又從何而來？無上菩提心是從自性中來，即自性具有無上菩提的種子（佛種）。

問題是，這自性本具的無上菩提種子，要種在哪裡才會發芽成長？所以我們平常說，一個人要不要發心，是指你要不要讓這本性的智慧跟慈悲的種子活下去，也就是讓這最具無上智慧跟慈悲的種子，在你的心中生長與茁壯。因此要發起無上菩提心的前提，第一個便是要認知本性中具足無上菩提心的種子。這個種子不從外來，自性恆有，要先能認知並接受其存在。

我常問大家一句話：「佛是誰？」當我問大家這樣一句話時，你們心中是不是能泛起「佛是我」的迴響呢？如果你能有這樣毫不假借「佛是我」的自然迴響，那麼你已經認知並接受無上菩提種子的存在了。

基本上，我不會採取「我是誰？」的問法，因為「我」是輪迴的根本，如果要去除這個「我」，就用「佛」來去除，所以你們現在用中脈唸誦法，唸這「佛是我！」三次，要很有自信，毫不猶疑黏滯，脫口而出的唸！

依此訣要唸完你便會覺得不一樣了，我去佛自在，因為是佛，便不必說「我是佛」了。

所以「佛種從緣起」，這緣起是我們自己建立的，佛種是自性本具的，但是要不要讓它在我們心中茁壯，是我們要去抉擇的。

「是故說一乘」，一乘即是佛乘，是唯一佛乘。「是法住法位，世間相常住」，「法」是指法界一切存有，一切現象，一切大小，一切相攝，一切無窮無盡的演發變化，皆名為法。

「法住法位」是法自住於法，法自位於法，也就是諸法實相，法住則如是，法位則如實。

「世間相常住」，一切相不異、不變、是常，是法住於自法，法住於自位。若能自住於自，就沒有自與他的分別，沒有自他的分別，也沒有一個無分別的分別。

「此一乘妙位，乃佛種緣起也」，一乘即是佛乘。「是故諸佛印證不無，染污不得」，所以此法是可以修證的，修證即不無，但污染則不得，是佛印證於你，其體性本來從不污染，但我們自己不知道此事，所以要自己印證。因此，初始是外佛印證不無，但最後是內佛印證不無，所以佛是什麼？「佛是我」也！就用佛大覺來終止「我」這個分別心。

如果我問：「我是誰？」回答是「我是佛」的話，那回答「我是狗」也是一樣的，或者「我是任何東西」也是可以的，所以我不問：「我是誰？」「我」剛好是我這個分別心的起頭。

但當我問：「誰是我？」，或者問：「現在，你具有什麼？」你就把自己收斂起來了，進而發現自己所具有的都是空的，就開悟了。

因為污染不得，所以「如來體性是常具」的，現在只怕你們的印證是無的，你們自己不肯去印證、修證。

我是一個說法者，說法是代佛宣法，所以是講佛法、講實相，因之我講的是只有實相；諸佛的印證是確實的，但現在最主要是我跟你們講的你們要相信，相信之後，你們自我印證，自我印證之後連相信也不需要。為什麼？因為事實不需要相信，就像一個孩子小時候不喜歡吃飯，父母親便一口一口餵他，等到小孩稍為大了，能夠自己一口一口慢慢吃了，再到更大的時候，他知道吃飯是他本有自然的能力，他就自己吃了，並且有力氣去作事並幫助別人。

各位，希望我們見面的機緣，能很長很多且很久，但是事實上這樣的機會是越來越少了。雖然希望大家能永遠在一起，但如果真的要永遠在一起，便只有超越時間跟空間，只有心能永遠在一起，否則你們大家辛苦，我也辛苦。

所以我講的話，或是說我講這些話讓你們相信的時間越來越少，因此，還是早早相信的好。相信的時候，就沒有相信或不相信的事情了，因為我講的話，只是空中的風而已，有什麼好相信的。

「識其真者，眾生悉皆如來」，佛是我真認得了，這時候佛是誰啊？佛是一切！所以一切眾生都是佛。只有你看到自性是佛，每一個人自性亦是佛，所以說「識其真者，眾生悉皆如來」。當你看到一切眾生都是如來時，你的脈通不通？通，而且早通到別人的脈去了！通到法界脈了！

我教授過大家如何拿東西，為什麼要教大家拿東西呢？這是在教大家什麼？這和中脈有關。

當我們拿起一個東西時，說：「這是我的！」說此話時，這是你的就不是你的了！當「這是我的」這一念起時，我們是不是跟物件生起了分別心，才要擁有它，當「我擁有它」的念頭一生起時就糟糕了，因為它就跟我們分割了，所以才必須擁有它。

當你拿起東西來就吃，你是跟東西統一的，當你不先想它是你的或不是你的時，你和它已經統一了。同樣的，即使是摸到一顆三十克拉的鑽戒，你心中無分別、執著，這一剎那就是統一了，你跟它沒有分別，這是一種事實的證量，而不是一種觀想，是你摸到一個東西時，你發覺你跟它沒有分別。

我曾經跟大家顯示過這種沒有分別的事實，當我的手跟對方碰觸時，因為手很放鬆黏住了，兩者是不一不異的。在其間當然我可以改變很多事情，比如說將對方的脈全部堵掉了，堵掉之後再打開，當然我不會去作這些動作，但是我確實可以做到。

但是，如果有人心裡這麼想：「我可以對你施咒。」這個是一種自他分別的想法，但這個分別心的想法所展現出來的能力，對我們會有某些程度的影響力。我告訴大家，萬一有人要對你施法作怪時，怎麼辦呢？你就放空，你是他，他是你，這時候誰受害就很難說了。

自他互換

我曾經告訴過大家自他互換的道理，阿底峽尊者也講過自他交換，但那是一種觀想的互換。而對我們來講，自他互換是一種事實，自他互換，一切眾生都是佛，與佛自他互換時，佛就是我，我就是佛，這是一種明白的事實。

有人問我怎麼對治鬼，我常講一些像開玩笑的話，雖然聽起來像開玩笑，但是真是假留給大家自己去判斷。比如說，有些人會碰到鬼壓床的事，怎麼辦呢？

很多方法可以處理，第一個方法是觀空，當我們一觀空，鬼就抓不到人，抓不到人，鬼就摔倒了，這是一種很慈悲的方法；第二種，如果你要稍為修理他，就順道連床也一起觀空，或者再進一步把地板也觀空；甚且一直往下觀下去，觀到第十八層地獄都出來了，你只要這樣跟他們嗆聲一次，保證他們以後再也不敢來找你麻煩了，因為實在太划不來了，只是為了跟你搞怪一次，卻要落得掉入地獄，很不值得。

因為對鬼來講，我們的觀想對他而言是事實，你可以有這種能力，只要你能跟所觀想的境統一，那就是事實，但是當你有了害怕或猶豫，心裡有了障礙，那效果就會大大打折扣。

第三種方法，當鬼要抓你，你不想傷害他，只想小小的捉弄他一下，那麼你就變成他，讓他變成你，反過來是他被你嚇死了，因為掐人家脖子的人，如果反而被掐的話，會更害怕的。

自性中脈呼吸

當我們跟外界完全沒有敵對的時候，就可以統一互換，自他一如，此時我們觀想眾生是佛，佛也是我們，完全沒有障礙。障礙會在什麼情況出現？

一般我們觀想自己喜歡的人是佛比較容易，但是如果要觀想自己不喜歡的人是佛，心裡便會不高興的話，這代表你心裡的分別心還在，還不是自他一如，這時你跟外境並不統一，所以當你不是真的把不喜歡的人觀成佛，也就代表你的脈還是塞住，這不只是冤親平等那麼簡單，還須要更深刻的內證才能打破執著。所以到最後「識其真者，眾生悉皆如來」，這時候你的心才會出現真正的暢快，不管你此時是窮或富，你的身份是貴或賤，當下你活得多麼完整！多麼莊嚴！多麼究竟！

「實不可得準準妙位」，一切不可得是名「準準」，準準兩個字是用駢體文的形式表達。「眾生悉皆如來」就是「實不可得」的「準準妙位」，這才是實相，才是每一個眾生所位居的真實妙位。

「一相不異，是萬善同歸一性」，一性即是自性，自性能顯中脈，所以萬善同歸，自顯中脈。

因此，與諸佛同一呼吸，這是真的事情，你自性中脈呼吸時，你的念頭會有分別嗎？會感覺到你去攀了佛陀的尊貴嗎？或是感覺你很自慚形穢？或是感覺好偉大的驕傲？跟這些都無關！所有的存在，都是一種完整、一種圓滿的，所以這時候是隨時可死，也隨時可生，隨時活得好。為什麼隨時活得好？因為隨時死都很完整、都很圓滿，都很快樂！所以這時候要死，也不大容易，但是真的要死，有沒有關係呢？我們不求死也不求生，生死一如，只是活得好。為什麼活得好？因為這是超彼生死之處！所以說：「一相不異，是萬善同歸一性，住一乘法位實不可得也，於是乃知法住法位。」

「一實之理」，這是實理呀！「世間常現一切如來常住爾」，所以一切呼吸不過如來之息爾。「於此一乘實爾，乃極平常，全佛法界爾」，全佛法界是平常的事。

「故於此實相中，別示方便」，中脈呼吸的修證方便，必須是在這種實相中建立，大圓滿法也必定是在這種實相中建立。否則的話，我是佛，你不是佛，這能成佛嗎？或者說，我是大圓滿，你不是大圓滿，但大圓滿不就大家都大圓滿才叫大圓滿嗎？否則的話，只有你叫大圓滿，別人不叫大圓滿，你比較高，別人都低，那就不是大圓滿了！

如果有人自稱受了大圓滿最高的灌頂，成具了大圓滿，但他跟人講話時，卻是下巴抬得高高的，那我們也只能稱讚他受了大圓滿灌頂，只是現在在作大圓滿的前行、前行、前前行，前前前……前加行，也就是現在還在認識有地獄、有天堂、有佛界等的階段，所以現在開始在作加行，可能不只是十萬，而是一千萬個大禮拜才夠的加行。

一位修學大圓滿的人應是眼睛平平地看人，是看每一個人都是佛陀，而不是頭抬得高高的，否則只是嘴巴大圓滿而已，腦袋裡不是大圓滿；如果只是嘴巴大圓滿，心裡沒有大圓滿，那只好從前前前前加行開始學起，也就是從認識六道的基礎佛法從頭修起，這樣的話，那就沒什麼灌不灌頂好說了。

一個真正受具大圓滿的人，是腦中有沒有大圓滿想法。什麼是大圓滿見地？大圓滿見地，即是見一切眾生都是佛陀呀！是一點驕傲也不得，一點卑劣也不得的事情。禮佛時，並不是佛高我低，而是佛是我的老師，是尊師，尊佛而禮佛；若是有一丁點佛高我低的心念，那就不是大圓滿！就像我現在坐在這裡，我沒有比你們高，我只是傳你們法，所以你們可以尊敬我，但是我沒有比你們高，我看你們是佛，這是大圓滿見地！

如果有人說：「我見地很高，境界很高。」但驕傲也很高，那就有問題了，因為見地越高的人越不可能驕傲，否則的話，他見地就很低了，這是剛好相反的事情。所以「於此一乘實爾，乃極平常，全佛法界爾。」是平常的事。

「故於此實相中，別示方便」了解全體實相之後，路都通達無礙以後，我們現在要別用方便，也就是要去看櫻花，看一切風景，真正看盡「普天之下，莫非王土」的平等莊嚴、法界諸佛。

「自體妙作，安於法界息也」如果有人說：「這個方法只有我有你沒有。」來表達這個法門的獨特珍貴，那是不太可能的。只要有門路、有資源，要蒐集什麼法本，求什麼法，只要這個法是被記錄下來的話，都不是什麼困難的事。但是如果是想得到一個最究竟灌頂的法，那是買不到的。因為最究竟灌頂是在心，沒有人買得到。

「安於法界息」是與諸佛同一鼻孔呼吸，而什麼是法界息？把這個弄清楚，修起來便不一樣了。

什麼是法界呼吸

「何謂法界息也？身常安然，自住大鬆之相，體常正哉，圓一佛身爾。」大鬆之相是身體放鬆放空，好像在浮在水中一樣。

「體常正哉」是身體放鬆之後住於正位。就像我現在拿一個杯子，上頭放一包裝了水的袋子，水袋放下了，但是依然安住於杯口上面，住於正位，這個大鬆之相，即是佛身正位，妙定之位。

我們現在就可以來練習一下這個「佛身妙位」。

首先，頂輪置於眉心輪，眉心輪置於喉輪，喉輪置於心輪，心輪置於臍輪，臍輪置於海底輪，海底輪再像水袋一樣放鬆下去，置於空，空不可得也，即是圓一佛身。

你們平常坐在車子上或走路的時候，有一點要特別注意練習，就是想像尾閭骨的部分像普巴杵一樣鬆掉下去，插入地上，你的腳底及全身細胞就會跟著鬆下去了，腰也會跟著鬆開，肩胛骨也會掉下去，此時脊椎骨便容易扶直起來，頭就正了。

「於此中脈以顯」，於此中脈就現起了，中脈是一個緣起的定位，從心到氣、脈、身、境的次第，亦即依於這個中脈呼吸的因緣而顯起的定位。

「心、氣、脈、身、境，以法住法位矣」，法住法位，從世間的定位觀待一切平等，不執不捨，一體而成空，是為佛位之位。

依此，我們看待一切是平平等等，你是如此，他是如此，他是佛，你是佛；而一佛出世，千佛護持。以某甲為中心的時候，其餘的人護持，某乙為中心時，大家也如是護持，互相主伴，互為因緣，身心如如自在，正與恁麼時，息就會進入中脈，並且中脈會越來越細，越來越開，而越來越開，也就越來越細，就像蓮花的枝梗一樣，細而空，空而細。

家裏最近種了一株蓮花，蓮開甚美，白天太陽照的時候，蓮瓣便一瓣瓣的開放了，太陽西下時，又一瓣瓣收闔了，就這樣一日又一日的開、闔、開、闔，直到有一天開始一瓣瓣的掉落，最後是忽然一開，然後就全部掉落，只剩蓮蓬，搖曳風中。我將蓮花的莖幹剪開，真的是空的。

我畫過很多蓮花，但之前從來不知蓮花到底是怎麼開謝的，這次總算整個過程都清楚了，我們的脈息就像這樣，裡面要放空，不放空的話，就像蓮莖不空一樣，是長不大的。

但是若能放空的話，就像蓮莖一樣，很快整個蓮幹就長起來，並且串空在一起；因此，若能放空，這中脈空息初始只有一點在海底輪處出現，但很快就會整個中脈便串合在一起，每一個脈輪會自己呼吸，各各開闔，然後再從各個脈輪串出去，就全部完整了。

初始是先天息跟後天息合在一起（但此時尚屬世間之息），再來是中脈（智慧脈）開啟時，智慧息（空息、中脈息）就跟先、後天息再合在一起，到最後呼吸變得若有似無，極為細微，此時呼吸就變成很舒服、很清涼、很自在，心變得很歡喜，但對於外境人世間的事情，你會很努力想作事情，但不會那麼在意，只是努力作自己該作的事情，但成敗已不存於胸臆之中。

就像我跟大家講過陳健民上師，對陳上師來講，他是努力弘法，但他的法是否能在世間弘揚，則是看眾生的福報。現在台灣到處都有宗派林立，各宣己法，但看看這些所謂法的內容，是眾生真的有福報呢？還是整體的水平下降了？

我從二十歲就開始教打坐，徒子徒孫，瓜迭綿綖已經好幾代了，回顧我一生的過程，「書緣」還算不錯——寫了很多書，有很多讀者。但法緣方面有的人就覺得不好，為什麼會這樣子？我當然知道怎樣經營可以讓法緣變得很好，但是我不這樣做呀！因為那只會讓這個時代多了一位光芒四射、名聞利養豐足的大德，但這個世間會失去很多究竟的大法。

各位，我的人生走到目前這種型態，其中所經歷各種困難與障礙，其實是超乎我原來想像的。講一句老實話，我沒想到障礙竟然這麼多，但我不是故意的，不是故意要去找這些障礙，我還沒有那麼偉大，但是障礙這麼多我倒是還能夠接受。我沒有神通，我並不知未來會怎樣，但即使有神通我也不用，因為有神通或使用神通，並不會增加我們生命的圓滿度。

但如果仔細想想看，這條路一路走來，雖然這麼多障礙，但其實有它的道理存在。因為如果不是這樣子的話，那我現在可能到處忙著應接各界的大人物，忙著社交而不是弘法，那很多事情又會不一樣了。也許這樣一來，會有很大的好處，但這可能不是我應該扮演的角色。

這是願力的問題，願力會塑造你的生命走向。當然，這些障礙也可以說是我自己的業障，可能是我的業障深厚，但其實到最後也不會太在意什麼業障不業障的問題了。

當然，作為修行人，像陳上師這樣個慈悲的修行者，他當然希望正法能夠大大弘揚，但問題是你叫他為了能夠弘揚法，而改變自己去經營世間的事情，他會願意嗎？

所以有人如何評論陳上師呢？有一位老居士這麼說：「他的個性蠻特別的。」就世間話來講，就是說不大好相處。但是世間有幾個陳上師呢？一個！真正問題不在於他這個人好相處或不好相處，而在於他對法的堅持，法一定要清淨！

對於陳上師，我個人非常感佩，也非常尊敬，就我個人而言，我根本沒辦法像他那樣子，他實在很了不起，但絕大部分人卻可能因為他這樣對法堅持的風格，而不去親近他，或親近一、兩次就不去了。但大家仔細想想，這是誰的損失？所以說，我們心裡要清楚的面對。

這個時代已經變得越來越膚淺了，輕浮的法或不正的法，反而有很多人喜歡，為什麼？因為比較接近大家的喜好，這也表示眾生福德不具足。

但是從另一方面來看，眾生福德具不具足是緣起法，那你們願不願意這樣子？別人福德怎麼樣是一回事，你們願意受到別人影響而變成自己不具足福德？或是你想影響眾生讓他們能夠具足福德呢？

有些事情，我一面走也一面看，所以有時講了些大家不愛聽的話，你們也不必放在心上，但其實是因為不忍心大家。我這輩子從年輕的時候這樣一路走來，有什麼財富沒看過？什麼權勢沒見過？這世間的財富太容易獲得了！但最難的是，要付出怎樣的代價？佛陀是如何思維的？任何會妨礙佛陀弘法完整性的供養，他是不會接受的。

如果有人要供養佛陀一座豪華的大精舍，然後告訴佛陀：「你今天要接見某位國王，明天要接見某國的大臣……」請問佛陀會接受嗎？不會的。

過去很多人也曾經期望我能這樣或那樣，但我都婉拒了，為什麼？我雖然不像陳上師那麼偉大，對法的清淨是有所堅持的，只是個性上無法像他那樣斷然拒絕，而是採較委婉的方式來回絕。因為不能有一步走錯，否則，「法」怎麼辦呢？法若稍有傷害的話，那是無法交代的，這不能有一絲開玩笑的。

大家可能不知道，我們每個人都是有三昧耶誓句的，違犯的後果很嚴重的。現在很多三昧耶變成上師去要求徒弟，其實三昧耶不是這樣的方式，三昧耶是修行者自我要求用的，當然是自己的三昧耶，所以要對自己的三昧耶負責！修何種法就對此法有三昧耶，所以，修大圓滿法要看眾生是佛陀，修中脈法就要觀眾生的中脈呼吸，如果眾生都是用中脈呼吸，你自然也是用中脈呼吸了。

「斯乃佛位之位，身心如如自在，息入中脈矣；是言：『中脈呼吸，是對眾生極大利益；在中脈中呼吸無上的正覺智慧氣息，則是對眾生的最大利益。』」

安住中脈法位

「是中脈息也，心、氣、脈、身、境一如法位，法住法、報、化、功德、事業佛身」，心裡的障礙去除之後，開悟時中脈便現起了，此時呼吸是中脈呼吸；開悟後根本煩惱便去掉了，但仍然還有許多細微的煩惱須要一一去除，中脈呼吸愈趨通達順暢。

中脈修習是從外面下手進入，成就則是從內而外出來，中脈開了之後，脈輪也要一個個開啟，心輪有八瓣，就如同花瓣般，花瓣一個接一個慢慢的、慢慢的開展綻放，到最後，要能夠體悟每一個小脈都是中脈，一切外境如桌子、椅子，乃至山河大地萬千品類的脈，都是中脈，此時才可以稱為通達究竟中脈。

中脈打開，三脈七輪也跟著完全澈底的開啟，身體一切法、報、化、功德、事業佛身具足，此時，我們的身即是如來壇城，一切所行所作即具足四種曼荼羅（大曼荼羅、三昧耶曼荼羅、法曼荼羅、羯摩曼荼羅）。

「世間相顯毘盧遮那如來，實身釋迦矣」，一切世間都是毘盧遮那佛，而毘盧遮那佛就是實相身的釋迦牟尼佛。

「法界眾生皆佛也，以自身息住法位，世間眾生常住佛身爾。」行者自身息安住法位，中脈呼吸無上的正覺智慧氣息，你就是主，眾生是伴，此時的自他關係就猶如太陽系，太陽安住軌道正位，其它旁邊的行星便自動調整繞行角度，伴主而行，也就是行者的成就越大，旁邊越親近的人，他的脈也會跟著調整，因為你心脈的威力太大了，不知不覺中，旁邊的人就跟著受影響而調整，這是一種三昧力量，菩薩安住於三昧能救度眾生。

像千手觀音有四十隻手，每一隻手代表一尊觀音，每一尊觀音入二十五種三昧來救度二十五有（存有的形式）的眾生。我們自身安住中脈法位，可以救度眾生，眾生若不能自住自位，你也不要跟著跑掉。當你威力愈來愈大，能量也會越來越強，眾生還是會回到自的本位的軌道上來，所以安住中脈智息法位，「是最勝無比，同體大慈大悲利益」。

「一一中脈息身，一一法界中心，法住位也，一一眾生同顯大光藏也。」每一個安住中脈智息的身，都是一個一個的法界中心，假如我們這裡每一個人都能安住中脈息身，當我們走出去時，每一個人就變成釋迦牟尼佛的化身，也就是毘盧遮那佛的化身，每一個人所看到的眾生都是佛，一切眾生都顯現常寂法身，大光明藏。

所以「有此會心，特此明之，願眾生皆佛也」。這是二〇〇二年，四月九日所寫的。

二六時不離中脈呼吸

「行住坐臥住中脈，醒睡一如中脈中；無上正覺大智息，眾生如實得大利。」最後，我們可以總結出一個結論：想不通，脈就不通，一個念想對應一個脈結、一個呼吸，試想當我們身心處於緊張之時，心念糊塗之時，脈也跟著打結了。情緒上的浮動立即可以牽動身上脈與呼吸的反應；更深層一點來說，當我們有一個觀念偏差了，見地謬誤了，我們的心脈也會跟著塞阻了，這是顯而易見的事實與道理。

每一個當下自在的心

所以一個修行人的見地必須如實不謬，心念是空的，不增不減，任何事情都是如實自顯，不謬以對，而不會有一個強烈的我知我見，事情的呈現當下是空，我見的見是不執著，所以無住生心以見眾相不可得，境如如、智如如；同時，境起時，心是智如如，境不可得，心是鑑知，名為般若，假名智慧。不是有一個般若，「般若非般若，名為真般若。」般若不可得，境起心空爾。緣起生時，心對外境，自心無住，現觀法界，法界現空，不可得。

境起心應，照而默，默而照，體是默而照境空；體默是心寂滅而不失照用，當我們看一切境而心無所執時，心即放下了，也就是你永遠是已經準備好了，而不是你什麼準備好，不是你先準備一個東西，明天要用，那就像以後要吃的菜，現在就煮起來放，這樣是會餿掉的。

而是在每一個當下都能準備好，也就是你自心每一個當下都是自在的，都是放下的，這是準備好了。

如果是這樣的境界，雖然出了什麼事，有什麼關係呢？現在忽然該走了，就走了，而活著，很好，一百歲，一百二十歲，都很好。

大家準備好了沒？如果你的答案是好了，不是有一個準備好的東西在，而是準備好了！準備好了，就是好。

增長世界光明的中脈呼吸

我們修學中脈呼吸，對世間也有直接的淨化作用。現在不只是台灣，全世界都處於紛亂之中，大家可以給世界提供一些清淨的氣息，就是吸入氣息時，先將穢濁的氣息轉化成光明的氣息，再吐出去也是光明，進息是增長自身的光明，出息是增長世界的光明。就像「回到未來」影片中，要從未來回到現在時，是將垃圾果皮等當成燃料，因為垃圾的本質是能量，穢氣的本質也是光明，所以可以觀想轉成光明。

這個世界很奇怪，同樣是信仰上帝的人，居然互相之間打來打去，信仰上帝左邊的人，打信仰上帝右邊的人，信仰上帝右邊的人打信仰上帝左邊的人，然後互相指責對方邪惡，在這種情況下，誰能真正幫助眾生？

大家不要認為自己的力量太微小了！不要這樣想，明明是一個發無上菩提心的人，怎麼可以有這種小裡小氣的想法，當然是我們能真正幫助眾生，只是還沒做到而已。發無上菩提心是要救度眾生的，大家能作到嗎？當然可以，從哪裡開始呢？就從我們周邊的父母、家人、同事、朋友開始作起，讓他們快樂、和合一點。

我常想，這個世間還是有希望的，因為有一個人在，這個人是誰？當然不是我，是大家自己！

自己就是那個人，有自覺的人在就是了。世間的明燈，就是一個自覺的人啊！現在，我把這個明燈交付給大家的手上。

各位，你們說自己的力量小嗎？什麼力量最大？願力最大！一發願，魔宮震動。大家一定可以的，只要早早覺悟，就可早早成就眾生，當然先覺悟救自己，讓自己救眾生時，快樂一點、歡喜一點。

第二章 納吐淨息甚深訣

欲實反虛　欲有還空　遺有沒有　無空不空
細細出息　通身息盡　如傾瓶水　息盡方淨
氣盡身圓　自生息納　法界身淨　具力至柔
柔而有力　微密納息　淨息滿身　心氣身圓
脈明空淨　通身如如　息流脈柔　當知現空
若實自虛　若有自空　空而至空　空盡極圓
淨離諸覺　妙有真空　有相即遺　身息即盡
心相即滅　現前一如　真空妙有　成金剛身

二〇〇一年　四月三十日

〈納吐淨息甚深訣〉可說是中脈呼吸法的甚深心要。一般像拙火修法中的「九節佛風」等呼吸法門，大都著重於方法、技術，但〈納吐淨息甚深訣〉則不止於此。這是我所體悟的中脈呼吸的心要，它可以擴大到一般練氣功的人身上，作為修氣的指導原則。

究竟的法門，是可以穿透一切的，修證到究竟處，它並不只是一種外在的技巧，而是一種隨地隨時都能安住的心要跟功夫。對出世間人而言，若能掌握此心要，當然可以成就中脈呼吸，對一般世間修習氣功或內功的人而言，也可依此而獲得很大的進展。

對這種修行的究竟心要口訣，如果只是把它運用在形而下的領域專心修習，固然可以獲得很大的成就，但由於執著於世間的現實利益，只將其運用於養生或武術等，如此終究會與出世間的無上成就失之交臂。

我舉幾個年輕時候碰到的例子作說明。

我因為修學禪坐的關係，認識了一些練武術、修氣功、以及修行坐禪的朋友。有一位老師對發揚中國文化很熱心，他有一群學生剛好跟一位太極拳老師學氣功，功夫甚為了得，其中一位小姐一發功，可以穿過中間的一個中介者，而使第二個人冷得全身發抖，因為那位小姐練的是陰氣，類似九陰神功一類的。

那位小姐因為自認氣很強，又聽朋友們說我是個奇人異士，所以想試試我的功夫。但是她不知道，對我而言，外氣是很難入我身，因為原則上我不讓別人的氣進入我的身體，所以不管氣多強，氣發到我這邊來就會轉身又彈回去了。

她不斷對我灌氣，但不管她怎麼努力灌氣，就是不得其門而入，氣不會進入我的身體。最後她想放棄時，沒想到一停手，卻因為她之前灌氣用力過猛，反而感覺我反彈的氣像刀子一樣，「咻！」一聲彈入她的身體。她大驚失色，我告訴她；我是修行人，我的氣絕不會傷人。而且我從沒練過什麼氣功，平時只有打坐而已。

後來那位小姐自己覺得不太安心，不知道那次我有沒有受傷，一定要我去給她師父鑑定。

那個場景簡直就像武俠小說裡的華山論劍一樣，我跟她師父面對而坐，手掌互抵，那位女士就站在中間，驚奇地看著我們兩人。

她師父不斷對我發氣，但我根本不懂發氣，我只是安住而坐。如是良久，她師父終於開口了：「在我看來，在年輕一輩的高手裡面，你的內力第一，你是怎麼練的？」我說我沒有練，她的師父又說：「嗯！無心而得，那更難得！」那時候帶我去的那位女士就坐在我跟她師父旁邊的中間位置，結果她感覺自己的身體好像被切成兩半，靠近我這邊是熱的，靠近她師父那邊是冷的，因為他們練的都是陰功。

後來這件事情傳出去之後，馬上造成轟動，那位師父的徒弟，大家都很不服氣，每一個人都來找我比劃，結果每一個人都跟我比成平手，發現我也不像傳說中那麼神奇，所以來比劃過的人他們的評語就是：「不過爾爾！」

其實我根本沒有發勁，任何人和我比試，都會發現我的功夫跟他一樣。怎麼說呢？就是每一個人跟我比的話，都是平手的。平手跟爾爾都是很好的。他們很滿意，我也沒有後續的困擾。如果我贏了他們，後續來找我的人一定層出不窮，如此不勝其擾。但也不能輸，因為不能丟佛陀的臉。所以，跟每個人都平手，這樣最好。

很多人很喜歡外力的加持，卻常常忽略品質。怎麼說呢？就像同樣是水（喻外力），有核能廠的廢水，有水溝污水，也有天山清淨甘泉之水，但現在人往往不加揀擇，總以為水很多就是好現象。

有一次我到中國大陸，看到很多人在秦皇陵上練氣，感到心驚膽跳，因為那裏的氣確實是很強，但是這怨力所成、千古罵名所積聚而成的氣，力量雖大，怎麼是好的氣呢！

再說到氣動的現象，有的人以為氣動代表練功有成。是否如此呢？和大家分享一則個人的奇特經驗：大學的時候，朋友曾帶我到一個自稱是准提觀音化身的人的道場。那個人確實有奇特的力量，在當場打坐的人，每個人身體都會跳動。

我坐在那邊的時候，頓時感覺頭頂上有一股很強大的力量壓著。我感覺這樣不對，於是就觀空，結果一觀空，那種感覺就不見了。就如同《金剛經》所言：「凡所有相皆是虛妄，若見諸相非相，即見如來。」一觀空就沒有了，那種奇怪的力量就沒有了，就算有氣進入身體內，也是身體觀空就消失了。我這輩子遇過很多自稱是准提觀音化身的人，但大都是假冒的居多。

這些看起來都像是在講故事，但是話裡都是玄機，也是在跟大家講方法。還有一次一位跟我兄長很熟的朋友，他很好心要幫我打通任督二脈，於是就拚命幫我灌氣，但就像前面所講的，任何氣都難入我身，因為我只要把氣守住或觀空，對方就沒有辦法了。但因為對方是一片好心，加上又是很熟的朋友，在不好拒絕的情況下，就隨他灌了。結果在回家的路途上，就感覺全身很不舒服，身體一陣熱一陣冷的，有氣很粗重的感覺，後來處理了很久，才把那些氣除遣掉。

還有一次，有一位朋友是針灸高手，他學了王重陽「全真九針」，相傳此法能夠打通奇經八脈，他要幫我施「全真九針」，為什麼？因為他知道我內功比他厲害，希望教會我之後，我能夠反過來幫他扎針，結果他幫我施了四針之後，他整個人差點垮掉，臉色發白，針不下去了，因為他的氣猶如「泥牛入海」，幾乎被吸光了，而我的身體也泛紅有如煮熟的蝦子一般。

我以前跟別人坐在一起的時候，旁邊的人會感受到一股吸力，但現在不會如此了。我修的是中脈，任督二脈或其他經脈對中脈而言乃屬於外脈，我身體泛紅的原因是因為他把我的氣從中脈調到外脈了，所以是比較粗的。

欲實反虛，欲有還空

有些人以為打坐時身體會動是初禪境界，其實初禪身體不會動，會動是欲界的氣功現象，你如果往會動的氣功方面發展，那是走內家拳的路，力氣會變大，但不能入深禪。所以，氣要揀擇，脈分內外，見有高下，亦即氣要揀擇淨、穢，脈要分別智慧脈（氣）、業劫脈（氣），見地要通達空性，否則執著不捨便無法進步了。

「欲實反虛，欲有還空」八字乃一切練氣的總口訣。

身方面，可以練習全身放鬆，從外面的皮膚到內部的骨頭、骨髓全部放鬆，並用十個指頭呼吸，再把皮肉分開，體肉分開，骨髓分開，細胞鬆開，分這四層鬆開全身。

心方面，心輪放鬆，外念鬆開，內念鬆開，心放開。鬆開的深淺跟執著的強弱有關，執著少，體會深，鬆開亦深。

身體疲累時，可把骨頭鬆開，從陽光中直接吸收能量，也可以把太陽直接觀入腦中放光發熱（腦袋要先從裡面放鬆放開），但一般人在作這樣的觀想時，由於我執分別心的緣故，往往會把太陽跟我看成是不同切開的東西，所以心念上是我要拿它來放光，而不是太陽在腦袋裡面自然放光。

所以，我們要接氣時，並不是心想著：「我現在要接受太陽的灌氣……」然後就跟著它走了。事實上，太陽與身體統一，沒有分別的。

當要接氣時，要先揀擇氣的清淨性，因為氣的交換不只是氣，也包含心念的交換。

所以，當我們要作深呼吸時，先要從身體裡面放鬆，這樣所作的深呼吸才能把氣吸到身體每一個地方，呼吸到腳趾頭及心、肝、脾、肺、腎，五臟六腑等，每一個細胞都可以透過深層的鬆開而呼吸。

「欲有還空」之意即在此，也就是要讓氣息在深層的部位呼吸，就要作更深層的放鬆，鬆的越深，呼吸也愈深。

放鬆的程度，如果以身體的結構組織作比喻，剛開始是先放鬆而使組織軟化，再透過更深、更完全的放鬆，使組織融化掉；反過來說，氣脈不通，血流變慢，氣滯血濁，血濁再趨濃稠，更甚則痰化，乾涸則呈硬塊。

因此打坐或中脈呼吸時，氣息一轉動，氣暢血流，組織軟化，有時會有咳痰現象，這是在修行過程中，從身體內一層一層清理出來的，並不是感冒現象，所以有時若有白色寒腥之痰咳出，咳出之後反而會有很舒服的感覺，因此打坐後多喝水（不要喝冰水）可以幫忙沖除體內毒素。

打坐時若有氣在遊走的現象，代表氣尚屬脈外氣，此時鬆開，氣即入深，若氣放光，光亦放捨，漸至自生自顯。

以後大家慢慢會體悟到，為什麼我在放鬆禪法的修習次第是地、水、火、風、空、識這樣一路放鬆下來，亦即整個架構是從粗到細的身體放鬆，接著進入意識層面的放鬆，乃至最後過去、現在、未來三心不可得，而光明自生自顯。

總而言之：「欲實反虛，欲有還空」是一切修氣的總口訣，要隨時隨地的總持。

如果「有」，就把它空掉。自古以來，道家指導修身的口訣，比如「坐忘，不覺有身！」有類似的義理，「不覺有身」是身體放的很鬆、很輕，但卻力大無窮。

放下分別的心念

「還有沒有，無空不空」，空與不空，有與沒有，頓然超越，還歸體性，修行要上上增進，有所成就，必須從體性上，由內鬆開，把中脈鬆開。

大家現在練習深呼吸。

先從鼻孔上方吸氣進入，接著從鼻孔下方吸入，再來從鼻子右方吸入氣，然後從左方入氣，最後從鼻孔中央吸入氣。

再練習呼氣。

先從右手呼氣，再左腳吐氣，甚至五臟六腑出氣，用觀想方式吐氣。

所有這些吸氣及吐息的方式，都還是屬於有相的，但若能超諸有相，如三祖《信心銘》所講：「至道無難，唯嫌揀擇。」「一種平懷，泯然自盡。」將中脈鬆開的話，那麼這中脈基本上是個無底洞，便能一口吸盡江水似的，將一切吸入之氣轉為智氣，這時就不是一般粗質的業障之氣，而能如前所講：「置於空，空置於法界體性，以空息、法界智息隨於中脈呼吸，入法界光明自在。」

心念至此全部放下，在無分別的狀況下，良久的情況下，呼吸會自然停止，很鬆的停止。「良久」一詞出於《六祖壇經》。

當初慧明是欲奪六祖慧能從西天傳來的衣鉢，六祖就把衣鉢放在石頭上，並隱身大樹之後，慧明是堂堂武將，卻拿不動石頭上的衣鉢，心裡很害怕，就喊道：「行者，我為法來，不為衣來。」六祖就從大樹後出來，並為慧明講法：「汝既為法來，可屏息諸緣，勿生一念。」慧明良久。「不思善，不思惡，正與麼時，那個是明上座本來面目？」明言下大悟。

「良久」即是身心全部放下，無有一念，毫無對立分別的當下，「良久」並不是很久，而是剛好這麼久。

現在大家把身心全部放下，「遣有沒有，無空不空」，有、無雙邊都不執著，中亦不立，如是自然住息良久，然後很輕很輕很輕的「細細出息」，最後「通身息盡」。

剛開始作不到通身息盡，先練習中脈息盡即可，等到有朝一日修到能夠「通身息盡」了，你會發覺身體會縮小，影像也會改變。

「如傾瓶水，息盡方淨」，就是把體內濁氣全部吐盡。「氣盡身圓，自生息納。」完全放下，自然息盡之後，不要憋氣，這時整個身體會忽然想要呼吸了，呼氣若能呼得好，吸氣就會吸得妙。

「細細出息，通身息盡。」這時整個身體會「如傾瓶水，息盡方淨。」身體會從中間收縮進去，而「氣盡身圓，自生息納」時，身體自然想吸氣時，就從中脈打開了。亦即整個身體放鬆氣盡的情況下，反而裡面的中脈自動打開了，中脈息就吸進去了。

此中脈呼吸雖非一蹴可得，但長久練習下來，至少呼吸會越來越細、更深，也更接近身體的中脈位置。

我們再總結複習這一段納吐淨息的要訣，即一開始「欲實反虛，欲有還空」，把分別心念全部放下，身心完全放鬆放空，宛如置身水中，身體猶如氣球一樣，楊柳一般。

此時觀想身內殘留的氣息，猶如傾瓶之水，全部流出，從鼻孔中央細細流出，但不要憋氣。

接著，很自然的吸氣進來。此時再次放空，分別心念完全放下，不思善，不思惡，自然吐氣，細細出息，身體放空，息自然盡；氣盡身空，再自然入息，整個身體每個細胞、骨頭都像氣球，身體猶如一大氣球，氣是圓滿，再細細把氣吐出，整個身心放鬆放空，氣自然盡。

再次自生入息，由鼻孔正中央微微入息。

如是周而復始，入息出息，直至整個身體像風一樣，像水一樣，也像陽光一樣，最後身體全部消失，呼吸若有若無，身體亦若有若無。

這個呼吸要訣可以讓身體各個部位都鬆開，而且通身息暢，最後達到「法界身淨」，即透過淨息而把身淨化。

重點是掌握「欲實反虛，欲有還空」的觀念總訣，「還有沒有，無空不空」是身心完全放下而不思善、不思惡；接著把身息徐徐吐盡，如傾瓶水，再來是透過鼻孔正中央微微入息及吐息，如此反覆練習，身體全部骨節漸趨鬆軟，由內而外，酥軟出來。

亦即氣不只走在皮肉之下，修氣要氣入骨髓，把骨頭鬆開，練氣至此，才能讓你「坐忘」，並且開始淨身，所以是「法界身淨」。

等到身體能夠柔軟到這種程度之後，打坐自然能夠入定，氣亦自然通暢全身，所以說：「具力至柔」，但若是動起來，則是「柔而有力」，不但力氣大，而且速度快，但是你不會想動，因為此時整個身心都鬆開，至柔與具力，動與不動，都得到統一。

「微密納息」是微息之中，更有微息，密息之中，更有密密息，亦即假如你開始時是從鼻孔正中央微微出息及納息，但隨著智慧及悲心的開展，會發現自己的出入息愈來愈微細深密，如同中間紅心之中更有中間紅心，如是層層轉細，愈轉愈微，以至於密，就如同前面講過的，中脈之中更有中脈的道理一樣。

到最後，你的入息就猶如鼻孔內有個無限寬廣的太空一樣，入息就好像把氣吸入深不可測的太空裡一樣的感覺，會有清涼之感，這是「微密納息」的精微理趣。

有些人打坐時，會突然有大吸一口氣的動作，這是由於心念太粗，對空性的理解不夠所造成。

此時，有幾種方式可以處理，處理原則一樣是「欲實反虛，欲有還空」。

第一種處理方式是從裡面放空放下，意即當打坐安住到某種程度時，會打開身體內原本阻塞的許多微細通路，這個瞬間，需要很大量的氣去同時灌注，此時若能從內部放鬆、放下、放空，氣即往內灌注進入中脈，而不會在大吸一口氣之後，隨即排出，排出即表示空性體性不夠，中脈未開，若能從內部放鬆、放下、放空，心離執著，則中脈打開，此時不管你吸入多麼大量的氣，具能容受，此即「欲實反虛，欲有還空」之理；否則，在大吸一口氣之後就會出定，不能再安住了。

在這其中有一件事要注意的是，在大吸一口氣之時，肩胛骨不要跟著抬高，而是肩胛骨及胸腔都要放下，裡面放空，氣即可隨入中脈，乃至氣充腳底。行氣至此，有些人便轉往氣功方面發展，但我們修學中脈者不行此法，因中脈若打開，氣即長驅直入，直達核心，自然水到渠成。

總而言之，「欲實反虛，欲有還空」乃一切練氣之法的共通口訣，世間氣功及出世間中脈呼吸皆可依此口訣修習，直達究竟，運用之妙，存乎一心爾。

修氣至「微密納息」階段時，鼻翼觀空，猶如太空廣大無涯，即可多多納息；此時整個身體及心輪若能更進一步放鬆、放下、放空，則可吸愈多，但息更細，最後達到「淨息滿身」。

「心氣身圓」，是心、氣、身得到統一圓滿，並且「脈明空淨」。

「通身如如」是身心內外統一；「息流脈柔」，有人打坐有「耳後生風」或氣流動的聲音，此即「息流」之感，再進一步則有如同水流動的現象，最後會息流遍全身，脈完全柔軟。

「息流脈柔」最難作到的地方是頭髮、指甲及牙齒三處，而指甲中最難做到的部分則是腳趾甲中的尾趾趾甲。

「當知現空」，因為我們是尋求生命解脫、圓滿的修行人，所以修行至此，不能變成氣功師去了，所以「當知現空」；一空之後，氣又更強了，也更柔軟了，覺受更清楚了，如是上上昇進，念念離執，層層轉細轉密，猶如煉金，精而又精，純而又純，知幻即離，離幻即覺，以達大覺。

真空妙有成就金剛身

「若實自虛，若有自空」，空若不用，體亦難覓，用時即起，緣息則寂，所謂千江有水千江月，當你幻化至極至時，反而顯相的更清楚，猶如水中之月，更麗於天，別人覺得你是真實存在，你自己心中卻了無罣礙。當你自身幻化到極緻，心、氣、脈、身皆完全柔軟而至空，現前是宛然而有，以至於「空而至空」，「空」亦空亡。

「空盡極圓」，猶如《楞嚴經》裡，〈觀世音菩薩耳根圓通章〉所示：「覺所覺空，空覺極圓，空所空滅。」

「淨離諸覺」是遠離一切覺受，遠離一切分別，連無分別亦不分別。

功夫是一層層剝，越剝越淨。從開始時把息自然吐盡，再在無分別心的狀況下，從鼻孔的正中間把息吸入中脈，如是不斷修習昇進，達到通身越來越淨，淨息滿身，自然的納息也越來越細，到最後身息完全通達。這個練習過程最好是在空氣清新的地方作。

陳息吐盡比吸氣還重要，練氣功更是吐息比吸息還重要。息吐盡了，再從中脈把息吸進來，那就成為淨息，淨息能把阻塞的脈輪打開，所以善於出息者比長於入息者功力還高。

最好是每天將這〈納吐淨息甚深訣〉唸誦一次，然後於實際修習時，若有任何覺受即行捨除，所謂「知幻即離，離幻即覺」是也。所以「妙有真空，有相即遣」。亦如《金剛經》所言：「若見諸相非相，即見如來。」這是最根本最扼要的見地，因為我們要修的不是世間氣功，而是現前解脫的無相至息。

「身息即盡」，身、息當下不可得；「心相即滅，現前一如，真空妙有」，成就金剛身。

初修者的建議

對於一位初始修習〈納吐淨息甚深訣〉的中脈呼吸初學者，如何掌握訣要，一步一步修習？

首先，「欲實反虛，欲有還空」是修氣基本觀念。其次，任何修行都是返覆循環的動作，不斷重複精勤練習，在生活中日積月累做細密功夫向上昇進。就如同初地菩薩跟二地菩薩每天所過的日子，都是同樣的衣、食、住、行、吃飯、睡覺，可以說，行、住、坐、臥都是一樣的，外相都一樣，但兩者的差別是精微處不一樣，亦即作同樣的事情，同樣的行為，因為智慧的不同，悲心的不同，同樣的行為就有不同的用心與內義。

呼吸也是一樣，若你能掌握「欲實反虛，欲有還空」的總口訣，並能體悟「有相即遣」的心要，那就可以轉世間呼吸，而進入出世間無相至息的中脈呼吸。

實修時，若能從裡面鬆開的話，氣就不會只停留在外面跑，而能進入中脈，不斷從裡面鬆開的話，氣會愈充足，愈往內化，越深沉。

修學呼吸的方法，在練習吸氣之前，先練習如何出息。出息的正確方式是要從中脈出息，而不是從世間的肺部吐氣，出息要在身心放鬆之下，讓全身的氣從中脈「細細出息」。「通身息盡」是要在全身的氣脈跟中脈都能通暢無阻時，才能完全達到，此時身形會明顯變小。

「細細出息，通身息盡」的中脈呼吸，在身心完全放鬆的情況下，不斷的練習，久了自然會將全身氣脈跟中脈間的阻塞打開。「如傾瓶水，息盡方淨」就像瓶子裏的水要倒乾淨一樣，息也要吐盡才會清淨，是解釋為何要作前面的中脈出息練習。接下來是第二個步驟，即「氣盡身圓」，初學者息不夠長，所以氣盡的時間比較短，但是請不要憋氣，自然氣盡就可以。

第三個步驟是「自生息納」，氣盡時不要刻意想呼吸，也不要故意不想呼吸，而是自然的息被納進來，入於中脈，是自生的「息納」，而不是人為的「納息」。

如此不斷重複練習的結果，就會將全身的脈串接通暢起來，進而「法界身淨」，乃至最後發展至鼻內猶如蘊藏虛空般的「微密納息」。「淨息滿身」是身體每一個地方都是中脈，每一個細胞都可以呼吸。

「心氣身圓，脈明空淨，通身如如，息流脈柔」是所達成的境界，但於此成就境界應「當知現空」不可執著。「若實自虛，若有自空，空而至空，空盡極圓」，從息到心，層層轉深，一切執取，俱當捨離，「淨離諸覺，妙有真空，有相即遣，身息即盡，心相即滅，現前一如，真空妙有，成金剛身」，這是最後的成就，成就的方法，即是一開始的「欲實反虛，欲有還空，遣有沒有，無空不空」。

若要把先前的「中脈呼吸法」與「納吐淨息甚深訣」結合起來，可以先練習把中脈打開的步驟，將頂輪置於眉心輪，眉心輪置於喉輪，喉輪置於心輪，心輪置於臍輪，臍輪置於海底輪，然後身心全體放下，自然住息良久，接著「細細出息」，氣盡息納，行、住、坐、臥之中，呼吸自然變得長、細，練習純熟之後，可以再加入吸太陽等中脈呼吸法，幫助中脈打開，兩者整合在一起，以「中脈呼吸法」為中心，「納吐淨息甚深訣」為中脈呼吸修習之正見及口訣，兩者合於一爐而治之。

剛開始修習「中脈呼吸法」的人，可以多喝水來幫助清除體內毒素，喝水時可配合「中脈呼吸法」的方式喝水更佳。

修行的過程，有時會遇到各式各樣的問題，問題是無限的，但若遇到問題時能以從問題中放鬆，從中間鬆開的方式來處理的話，那問題也會變成你的修練方式，否則問題即會變成困擾。

第三章　中脈淨息光明語

原來，中脈呼吸是淨光，智息相續金剛鍊，
法爾無間自成就，頂禮帝諾巴大師。
拙火現起中脈中，無間智息火生空，
空大自成金剛鍊，法爾光明法界通。
一切光明金剛語，無間智息語金剛，
金剛鍊串金剛鍊，一切如來語金剛。
無修中呼吸智息，無作中智息相續，
無礙中金剛鍊息，無得中現前實相。
無師自然悟，無見自然通，無得自然成，金剛持自身。
無修本來佛，無證金剛持，無行大圓滿，無得自成就。

我無作者，爾非作者，他自圓滿，一切是佛。
慈悲光明好呼吸，原來一切大樂息，
無事串成光明鍊，無作現前持金剛。
放下身心全清淨，一切煩惱不用管，
宛然自在息中脈，金剛鍊成法界光。
法爾自在好成佛，不可得中智無師，
全體成就全如來，現空一片如是同。
見帝諾巴傳承教授所以現觀　頂禮帝諾巴大師現前教授三身心要四法灌
無間密意傳燈

帝諾巴心要傳承　持金剛者造　二〇〇二、四、二十

現觀幻境全法界
無礙現成解脫佛

如實相應本瑜伽
我即大樂持金剛

二〇〇二、四、二十一　緣音

——觀那洛巴大師傳，
忽見鼻中障礙散飛，如黑蟲群飛，
豁然現觀黑蟲無礙法爾體性，現成實相佛；
當下黑蟲現前顯示自然佛身，
鼻中餘蟲亦然，現成法界全佛也。

實相涅槃界　現成即真如
我無法可說　現前住中道

二〇〇二、四、二十二　緣音

以上偈頌，第一個偈頌是觀帝諾巴大師的因緣而寫，第二個偈頌是觀那洛巴大師的因緣而寫，三個偈頌寫的時間皆相差一天。

我個人從白派的大手印修習中，獲得很深刻的受用，所以我也講授了很多大手印的教授。

帝諾巴大師心要傳承

白派的第一代祖師是帝諾巴大師，帝諾巴大師是約中國宋朝時代的印度人，帝諾巴大師是親見金剛持的在家修行人，亦即其傳承是來自法身佛大日如來。帝諾巴大師在唐卡中的圖像通常是手上抓著一條魚，聽說他吃的魚丟入水中之後又會活起來，其出身是印度賤族階級，但修行成就後所示現的身高達七多羅樹（多羅樹是類似棕櫚之樹）。帝諾巴大師傳法給那洛巴大師。

那洛巴大師是印度一位王子，是大學者，也是大班智達，擔任印度當時佛教最高學府那爛陀寺的六門守護之一，古代印度有辯論的傳統，任何辯輸的一方要被殺頭，或者整個寺院及其僧人都歸從辯贏的一方，並改習對方的教法。

以前玄奘大師到那爛陀寺留學時，也曾經代表那爛陀寺接受各方挑戰，結果掛牌十七天沒人敢挑戰，因而譽滿五印度，當時的那爛陀寺有僧眾一萬人，教授一千五百人，規模極大。

辯論當時，由戒日王和鳩摩羅王打扮成帝釋天王和大梵天王，彎著腰讓玄奘大師踏背而上辯論台，以示對法的尊重。

六門守護是東西南北四門及中間二間，若六門守護都辯輸的話，整個那爛陀寺就落入對方手中。

那洛巴大師的時代，那爛陀寺的發展可能超過玄奘大師的時代，而那洛巴大師便是印度最好的學者。

但是有一天，傳說有一位空行母，故意化成一個很醜的老太婆，走到那洛巴的跟前跟他說：「唉呀！聽說你的學問很好，所有佛法的義理你都通達了。」

那洛巴就回答：「是的。」

老太婆一聽，就很高興的走了。第二天，老太婆又來了，又對那洛巴說：「聽說你對佛法的修證都具足了。」

那洛巴很自然的回答：「是的。」沒想到那老太婆一聽就大哭起來，對那洛巴喊道：「像你這麼有學問的人，居然也是個騙子！」

那洛巴就覺得很奇怪，為什麼像我這麼通達佛法義理的人，一談到修證成就，人家卻哭了呢？心裡就起了疑惑。後來有人（傳說是帝諾巴的妹妹）便介紹他去見帝諾巴大師。

帝諾巴大師當時被人視為是個像瘋子般的乞丐，而那洛巴是個身份尊貴的出家人兼大學者，於是就有人閒言閒語的在背後笑他，但那洛巴不以為意，還是一意跟隨帝諾巴。

有一天，師徒兩人就坐在屋頂上聊著，帝諾巴就有意無意的嘆道：「如果能有一個弟子具足對上師的信心，我叫他從屋頂跳下去他就馬上跳下去，那該是多好呀！」話還沒說完，就聽到耳邊傳來「啪！」的一聲巨響，那洛巴已經一躍而下了。

帝諾巴就趨前用帶點同情的口氣問道：「你會痛嗎？」那洛巴回答說：「很痛唷！」帝諾巴後來就用神通把那洛巴的骨折傷損治好了。最後，帝諾巴大師便在恆河邊把大手印傳給那洛巴大師，稱為〈恒河大手印〉。

那洛巴大師接下來的傳承是馬爾巴大師，馬爾巴是西藏人，也是在家修行人，因為當時在西藏求法的學費很高，所以只好遠赴印度留學，提起這點，你們現在就應該感覺很幸福，因為我也不要求你們用十三頭犛牛和一籃子黃金來求一個法，像這次禪三，我所教授的法要是很珍貴的，但這怎麼跟你們算呢，是沒辦法算的，所以只好送給你們了，有時候我會想這無價之寶，怎麼可以這麼低估呢？但無價之寶真的就是無價，因為生命的東西是無法計量的！

我重視的是另外的事，我在人間做的事，大致分為三個面向：第一個是整理所有的經教，第二個是整理二千五百年來所有的禪法，第三個是用現代話讓佛法變成普及人間的法，即把人間佛法化；不只是「人間佛教」，而是「佛教人間」，人間佛教是佛教人間化，佛教人間是人間佛教化，所以我不講人間淨土，我講淨土人間，把人間成為淨土。第一個跟第二個我都作完了，現在只是在補充一些教學的東西，再來要作的就是如何讓佛法變成日常生活法，每一個人都可以用的，而不是只有佛教徒才能用，這是我目前在作的。

回到前面所講的大手印，帝諾巴大師所傳的〈恒河大手印〉對我有很重要的影響，但是現在因為時代不一樣了，進入太空時代，所以我也寫了一篇〈銀河大手印〉。

原來中脈呼吸是清淨光明

「原來」意即剎那迴心返照，事實即是如此，事實上我們的「中脈呼吸是淨光」，是清淨光明；我們的中脈從來沒有堵住，堵住是假相，前面所教受的是修入中脈，而我現在要告訴大家：「你的中脈從來沒有堵住！你跟佛從來沒有差別！」

為什麼大家跟佛有差別，為什麼我們不是佛陀，你知道嗎？

因為認為自己不是佛！請問大家：「哪一位佛陀認為你不是佛呢？」「哪一位佛陀認為你的中脈不通達呢？」

當然是我們自己才這樣認為，所以你若能在這剎那迴光返照，便能豁然還得本心，是名「原來」；「原來」是從體性上，從果位、從實相上回來，看到自己的中脈呼吸是淨光，自己的中脈跟呼吸，原本就在其中。

舊譯《華嚴經》的〈寶王如來性起品〉（即華嚴新譯的〈如來出現品〉）裡提到，佛陀成佛時，看到一切眾生是佛，否則他沒辦法成佛，一切眾生是佛（所以我提出「全佛」的理趣和實踐）是真正現前的實相，只是我們自己在胡搞自己，所以看不清楚實相，但胡搞還是佛呀，只是沒把幻影拿掉而已！

因此，假若言下豁然還得本心，即是中脈呼吸。靠技術面修沒辦法修入中脈，因為中脈是空脈，必須迴照本心，心完全放鬆、放空、放下才得。

放空，如何作呢？放下的要放下，能放下的也要放下，亦即能空、所空，俱空！以「心、息、脈、身、境」來講，「境」是外境，而外境是我們的「粗身」，若我們不能體會外境跟我們是一如的，就沒辦法體悟真正的中脈，阿羅漢只修到「身」就結束了，但菩薩要修到把「境」也化掉才算圓滿，而這「境」為粗身，「息」、「脈」為細身，乃至「心」為最細身的說法，只是修行過程的一種分法，到最後全部都是一如。

因此，對毘盧遮那佛來講，山河大地的「境」是他的身，智慧是他的身，一切眾生也是他的身，心、氣、脈、身，境都是他的身，是為「智正覺世間、眾生世間、器世間」三世間佛，他自己成佛了，一切眾生成佛了，一切境都是佛身。

對我們而言，「境」是我們的粗身，「身」相對於「境」而是細身，但相對於「脈」而言是粗身，依此類推相比，最細的身是「心」，但「心」又分為心跟念頭。

當我們練習放空、放下時，剛開始是把山河大地的境放下，這時能放下的是你，所放下的是境。

再進一步，把身放下，此時能放下是心，所放下是身。

更進一步，以息相對於心而言，能放下是心，所放下是息。

最後，進入心的層面，此時，能放下是心，所放下是念頭。念頭若再分粗念、細念……等，到最後就連心也放下了，這時候才是空，就進入中脈了，豁然還得本心而開悟，見明體。

此時既已扭轉鼻頭，反過來看，原來一切現成，一切本來是佛！所以，中脈呼吸是淨光——清淨的光明。

剎那間還得本心，心即放下、打開，呼吸也會鬆開，身體空了；心、息、身三者是連在一起的，當我的心停止了，呼吸也一定會停止。

打禪經行時，我們可以觀察身、息、心是如何停下來的，也可以觀察心啟動時是如何發動心風，進而推動身體的動轉，亦即從生到死，又從死到生，如果能把這生死死生的過程，放在每天的日常生活經行中，恆常不斷地訓練，等到鍛鍊純熟了，生死對我們而言，只是平等一樁小事，我們要作的是更大的菩提大事。

心開悟解時，心、息、身都鬆開了，整個身心都放下了，念頭剎那斷掉了，無念淨光頓然顯現，倏然間：「哦，原來是這樣子！」

接著，一念起時，所啟動的呼吸，吸進來的即是中脈息，所以《華嚴經》說：「若起不起，不起即是性起。」意即當所有分別心都斷掉了，心的如來體性就起來了，此時，「原來，中脈呼吸是淨光」，你發覺原來本來的自己就是這樣子。

「智息相續金剛鍊」，智慧的呼吸相續在一起就是金剛鍊光，金剛鍊光是光明的能量，金剛鍊光可以透過提煉而成為一圈一圈小小的光，具足無比彈性，能夠串在一起，也可以二個細小的金剛鍊融合成一個，或者拉成一條無量長的光絲，一個金剛鍊可以把整個法都包進去，是不可思議的，可以變成無量大，也可以變成無量小，亦可入空，入空之後又可出生。心開悟解時，智慧的息相續，呼吸即是金剛鍊。

「法爾無間自成就」，當你發現原來中脈呼吸是淨光，此時你智息相續，法爾無間，自然能夠成就。這個中脈呼吸的法教是從果地中來的，因此，在這邊我們要「頂禮帝諾巴大師」。

自然引生的拙火

「拙火現起中脈中」拙火是空性之火，是在無生的智慧當中，在最極空性當中，就能自然生起的智火，亦即不動明王的火生三昧——空性之火所生的三昧。武則天曾造了一個新字，把明跟空放在一起就成為「曌」，如果可以的話，我們也可以把「空」跟「火」放在一起，成為「穾」字或「𥥍」字，作為拙火的空火表義。

拙火是從空性中來，所以火生三昧是空智之火，大悲三昧。中脈中的拙火現起，也可以像千百億日般，遍照光明的太陽，由鼻子吸入中脈而引發。而空性的中心點，也就是拙火的生起點，當你空到極點，拙火就自然引生了，所以「拙火現起中脈中」，我們現在就馬上可以來作這個拙火生起中脈中的練習。

首先，把頂輪放到眉心輪，眉心輪放到喉輪，喉輪放到心輪，心輪放到臍輪，臍輪放到海底輪，把中脈清楚的觀出來，然後把中脈中間放空。

此時也可以觀想文殊菩薩就在你的面前，右手拿起智慧金剛寶劍，就從你的頂輪上面，沿著你的中脈，一劍劈下，此時你的海底輪處馬上會生起一股溫熱的感覺，若這一劍剛好劈得極準，就在中脈的正中央線上，則這股感覺不只是溫熱，而且是清涼，是很特別的一種覺受。在此已經把文殊菩薩的智慧劍，幫忙大家生起中脈拙火的方法，教給大家了。

「無間智息火生空」，智慧息就如同鼓火的風箱一樣，把大悲拙火從空中燃起了。「空大自成金剛鍊」，從法界體性中，出生無上的智慧息，從空性中，智息相續的鍛鍊出金剛鍊——智慧金剛鍊，智慧光明；所以「法爾光明法界通」。

這幾句話如果要用文字註解的話，可以註解的很長，但這幾句其實是很有力量的，陳上師一直常講「唯讀即可成就」，因此，唯讀這幾句有力量的話，就可以引生我們的智慧拙火，發出智慧力。

「一切光明金剛語，無間智息語金剛」，講話、呼吸、一切音聲都是光明，而法界中這一切光明也都是金剛語，此時內外一切通透，都是現成光明金剛語，而相續無間的智慧之息，就是語金剛。

「金剛鍊串金剛鍊，一切如來語金剛」，一切光明金剛語是金剛鍊，無間智息語金剛也是金剛鍊，這二者串在一起，內外通透，遍於一切，即是「一切如來語金剛」。

「一切如來語金剛」就是無量光，即是阿彌陀佛、無量光佛也；成就這個境界，我們就是阿彌陀佛，我們就是無量光佛，我們就是一切如來語金剛，我們所言就是一切如來所言。

「無修中呼吸智息」是我們放掉一切，身心皆空，自然呼吸；最後連呼吸也放下，讓呼吸自己呼吸，而沒有我在呼吸，讓中脈打開自己去呼吸，即是無修中呼吸智慧。是無修、無所得、放下一切、無分別，空的呼吸，空的

運用文殊菩薩的智慧劍，可以幫助引生拙火

呼吸是智息，所以「無修中呼吸智息」。

「無作中智息相續」，一切無修中，呼吸智息，你無所造作中，智慧之息，光明相續。「無礙中金剛鍊息」，你一切動作無礙，如金剛鍊息，即身體一切動作自在無礙，都如金剛鍊息，身息心所動如金剛鍊光。「無得中現前實相」，無修、無作、無礙、無得中，現起實相。

沒有執著自然通達

「無師自然悟，無見自然通。無得自然成，金剛持自身」，帝諾巴祖師即是「無師自然悟」而成就，故佛陀是得無師智。「無見自然通」，無見是沒有成見，沒有執著，如此則自然通達。「無得自然成」，完全無所得，自然成佛，這時即是面見金剛持，你就是「金剛持自身」，就是金剛總持，就是法身佛，你看到自心，自心就是金剛持。

「無修本來佛，無證金剛持」，沒有造作，沒有修行，本來如來佛。「無行大圓滿」，無行是現前妙行，一切無所行，能行一切行，一切無障礙，所行成一切，所以，無行是大圓滿，「無得自成就」。

「我無作者，爾非作者，自他圓滿，一切是佛。」我，不是造作者；你，也不是造作者，自與他本然圓滿，一切都是佛。這些都是大圓滿的法語，把這些理趣都弄清楚之後，接下來，又重新迴繞教授一次。

大樂的呼吸

「慈悲光明好呼吸，原來一切大樂息，無事串成光明鍊，無作現前持金剛。」經過先前的體悟鍛鍊之後，呼吸已經轉成光明智息，此時乃知原來一切呼吸皆是大樂之息。什麼是大？「摩訶」乃大；如何能大？惟空乃大！最大是空，所以大一定是空。為了證明是空，所以叫大空。又樂若有障礙則不名為樂，故樂必沒有障礙，但什麼才能令樂沒有障礙？空！

什麼樂才是完全沒有負擔？若樂有負擔，則為了保持這個樂，勢必要付出相當的成本，世間之樂，為了享樂，都是要付出代價的。

那麼，有何等之樂是本然現成，不用代價，而且不用人為去保持而能相續的？空樂，空樂是完全無礙，廣大之樂！

大樂即是空樂，空樂才是大樂，是一切平等之樂。

「無事串成光明鍊」，無事是一切無事，是超越事；無事才能真正作事，有事的話，心就被事抓住了，就什麼都不能作了，所以說「無事串成光明鍊」。

「無作現前持金剛」，一切沒有造作，現前即是金剛持，金剛持即是持金剛者。

「放下身心全清淨，一切煩惱不用管。」煩惱是客塵，不要抓取，而是隨它去，煩惱自己去了就好，你不要隨著它，就像鏡子一樣，物來即照，物去不留，而宛然自在。

「宛然自在息中脈，金剛鍊成法界光。」內自性跟外境界全部通透，成為法界光明。

「法爾自在好成佛，不可得中智無師。」不可得的智慧是無師智；「全體成就全如來」，現前大家都是佛，「現空一片如是同」。

以上即是〈中脈淨息光明語〉的簡要解說，唯讀即可幫助大家開發中脈，這是我在過去的因緣中，見到帝諾巴傳承教授所起的現觀。

「頂禮帝諾巴大師現前教授三身心要四法灌無間密意傳燈」，三身是法、報、化三身，四法灌是四法灌頂，四層灌頂，這是帝諾巴心要傳承，我寫這篇〈中脈淨息光明語〉時，所署的名號是「持金剛者」，時間是二〇〇二年，四月二十日。

「現觀幻境全法界」，一切幻化，即是實相，而實相不可得，如果一切是幻化，那就沒有幻化了，所以該作什麼就作什麼，不要等到幻化了才作。全部是空就不用觀空了，如此，則作不作不都是空嗎，所以「現觀幻境」，這時一翻轉，就變成有力有用。

大乘三昧中的大悲如幻三昧，從大悲如幻如幻大悲，大悲有力入如幻才能得到後得三昧，後得三昧是翻轉來，一切都如幻的，所以這時便能生起大神通、大妙用，救度一切眾生，就如八地菩薩能入一切世界中，自在變世，就是從此翻轉，亦即如幻到極致，再一翻轉，一切都是現成，所以是現成現前，現前現成，這時候，一切都很現實（現成實在），而實相就是不可得，不用借由觀空才能不可得，不必觀如幻才不可得，所以說「現觀幻境全法界」。

「無礙現成解脫佛」，無礙、現成，都是極幻中，翻轉現成。「如實相應本瑜伽」，究竟的根本瑜伽是什麼？答案是「我即大樂持金剛」，我就是金剛持，全佛法界，法界全佛，整個法界都是金剛持。

我在觀那洛巴大師傳的時候，忽然看到鼻中的障礙，像最細最細的黑蟲一樣，忽然「轟」一聲，散飛出來，「豁然現觀黑蟲無礙法爾體性，現成實相佛；當下黑蟲現前顯示自然佛身」，黑蟲都變成佛，「鼻中餘蟲亦然，現成法界全佛也。」

這篇偈頌的署名是「緣音」，二〇〇二年，四月二十一日所寫。

隔天，也就是同年的四月二十二日，我又寫了一首相關的偈頌，所以把它集中在一起，「實相涅槃界，現成即真如；我無法可說，現前住中道。」

第四章　光明呼吸導引

此篇〈光明呼吸導引〉比較屬於實際練習的技術，雖然可以單獨練習，但是如果能把前面那幾段談到中脈呼吸的理趣部分，深入體會的話，那作起來的效果會更好，就如同初地菩薩的飯跟二地菩薩吃的飯是一樣的，但吃起來的味道卻不大一樣，又如同三地菩薩跟二地菩薩喝的水是一樣的，但體會不一樣；再如同佛跟我們一起吃飯，但味道各各不同，我們嫌的很，佛自在的很。

這個導引的方法很好，但你們將來若有體悟，覺得證量不錯了，想把這個方法拿到外邊去傳法去弘揚，你們可以改變，不一定要照這樣子，但若法門好用的話，不要胡亂改，不過若是有特別因緣，反正我的法門很多，你們也可以把法門合成新的方式。我教過許許多多的方法，但我並不會去記得傳了多少方法出去，所以有時輾轉傳回到我這邊時，有人很熱心地要教我無上的妙法，我常發現那是自己多年前教出去的方法。而其實我每次教授都是在留方法下來，很多法門可能在我身後過了幾十年還在整理當中，比如我寫了三百或五百本書，從書中直接整理出來的法門就已經很多，而若從這些法門再衍生出新的修持方法，那就更是難計其數了。

有人問我寫那麼多書作什麼？現代是網路時代，文章需求很大，即使每天只有放一篇在網路上，也可以把網路佔領很久，讓很多人都能接受到適合自己的法門。

光明呼吸導引修持法

現在，我們開始練習〈光明呼吸導引〉：

打開頭部，讓腦的中心打開，於是光明注入了腦的中心，從腦內到腦外，全亮了起來；腦的中心像太陽般的明亮，像水晶般的透明，像彩虹一般的沒有實體，全部的腦，全部明亮起來。

打開頸子，讓頸子的中心打開，於是光明注入了喉嚨的中心。從喉內到喉外，全亮了起來；喉嚨的中心像太陽般的明亮，像水晶般的透明，像彩虹一般的沒有實體，全部的喉嚨，全部明亮起來。

打開胸腔，讓胸部的中心完全打開，光明注入了胸腔的中心，從胸內到胸外，全亮了起來；胸內的中心像太陽般的明亮，像水晶般的透明，像彩虹一般的沒有實體，全部的胸腔，全部的明亮起來。

打開腹腔，讓腹部的中心完全打開，光明注入了腹腔的中心。從腹內到腹外，完全亮了起來；腹內的中心像太陽般的明亮，像水晶般的透明，像彩虹一般的沒有實體。全部的腹腔，全部的明亮起來。

打開下腹腔，讓腹腔的中心完全打開，光明注入了下腹腔的中心，從腹內到腹外，全亮了起來；下腹腔內的中心像太陽般的明亮，像水晶般的透明，像彩虹一般的沒有實體，全部的腹腔，全部的明亮起來。

於是全身完全鬆開了，像太陽般的光明，像水晶般的透明，像彩虹般的沒有實體。

身體的中心，在頂上、腦部、喉嚨、胸部、腹部及下腹部的中心點，就像是聚集了無數太陽的光華一般。

在光明中更顯現出了無比的光明，於是，我們的心念完全放鬆、放下，宛若虛空一般的清明覺照了。

現在讓我們的心清明觀看著清新的空氣。

這時，我們輕輕的將頭頂中心放下，安置在腦的中心，接著將腦的中心輕輕放下，安置在喉嚨的中心，再將喉嚨的中心輕輕放下，安置在胸部的中心，再將胸部的中心輕輕放下，安置在腹部的中心，再將腹部的中心輕輕放下，安置在下腹的中心，讓下腹中心完全放鬆、放空；放空、完全的自在。

於是清新的空氣也變得活了，變得自在了。

清新的氣息，十分歡喜的放鬆了、放下了，完全化成了無比清淨的光明。

光明的氣息歡欣的流向鼻子，從鼻子的正中心，無聲無息的流注到我們的身體。

滑入腦的中心，比絲緞還滑潤，比最光明的彩虹還要溫柔。

輕輕的、細細的、溫柔的安撫輕摩著滑過的細胞。

於是所有呼吸道上的細胞更愉悅、更光明、更自在地覺醒了。

光明的氣息就像彩虹一樣，流入了腦的中心，從腦的中心細細柔柔的流注滑下了喉嚨、胸腔、腹部與下腹的中心，溫柔地安撫了全身的細胞、臟腑。我們的身體更光明、幸福了；更歡喜、自在了。

光明的氣息，就像最明透的絲絨一般，穿過了腦、喉、胸、腹及下腹等身體的中心。

就像最明亮的鑽石光鍊一般，讓身體與生命成為無比的歡欣、喜悅、光明。

於是，光明的氣息，就這樣來回的灌注著我們的身體與心靈。

從鼻子、腦部、喉部、胸部、腹部、下腹，再從下腹、腹部、胸部、喉部、腦部，到鼻子，輕柔地呼出。

我們的身體成了光明的鑽石光鍊，在人間散發著健康、歡喜、光明與幸福！

以上所講授，關於中脈的修持法門，能幫助大家體悟空之實相，迅疾開發中脈。當大家讀完此書，在平日修學時，日常生活中可以運用其中所說的方法，如「中脈呼吸法」、「光明呼吸導引」等，隨時安住在中脈的呼吸。如此，不但能迅速清除身心氣脈的障礙，在健康上也會有極大的助益。

如果能每日讀誦一次〈甚深中脈義〉等偈頌，持之以恆，也能產生極大的效果。

祈願有緣修學的朋友們，都能體悟實相，開啟中脈，圓滿成證佛身！

密乘寶海01

現觀中脈實相成就—開啟中脈實修秘法

作　者　洪啟嵩
執行編輯　吳霈媜、彭婉甄
校　對　劉詠霈、詹育涵
美術編輯　Mindy
封面設計　張士勇工作室
出　版　全佛文化事業有限公司 http://www.buddhall.com
全佛門市：覺性會館・心茶堂／新北市新店區民權路 88-3 號 8 樓
門市專線：(02)2219-8189　大量購書專線：(02)2913-2199
匯款帳號：3199717004240　合作金庫銀行大坪林分行
戶名：全佛文化事業有限公司
行銷代理　紅螞蟻圖書有限公司
台北市內湖區舊宗路二段 121 巷 19 號（紅螞蟻資訊大樓）
電話：(02)2795-3656　傳真：(02)2795-4100
初　版　二〇〇七年五月
初版六刷　二〇二四年一月
定　價　新台幣三五〇元
ISBN 978-986-6936-12-8（平裝）

國家圖書館出版品預行編目資料

現觀中脈實相成就：開啟中脈實修秘法 /
洪啟嵩著 . -- 初版 . --
臺北市 : 全佛文化 , 2007.05
面；　公分 . --（密乘寶海；1）
ISBN 978-986-6936-12-8(平裝)

1. 佛教 - 修持
225.7　　　　96008144

BuddhAll

Published by BuddhAll Cultural Enterprise Co.,Ltd.

BuddhAll

BuddhAll.

All is Buddha.

BuddhAll